中社智库 国家智库报告 2020（24）
National Think Tank
能源经济研究

新冠肺炎疫情对能源发展形势的影响分析

史 丹 等著

ANALYSIS ON THE INFLUENCE OF COVID-19 EPIDEMIC ON ENERGY DEVELOPMENT SITUATION

中国社会科学出版社

图书在版编目(CIP)数据

新冠肺炎疫情对能源发展形势的影响分析 / 史丹等著. —北京：中国社会科学出版社，2020.6

（国家智库报告）

ISBN 978-7-5203-6396-9

Ⅰ.①新… Ⅱ.①史… Ⅲ.①日冕形病毒—病毒病—肺炎—突发事件—影响—能源发展—研究—中国 Ⅳ.①F426.2

中国版本图书馆 CIP 数据核字（2020）第 144335 号

出 版 人	赵剑英
项目统筹	王 茵
责任编辑	张 潜
责任校对	刘 洋
责任印制	李寡寡

出　　版	中国社会科学出版社
社　　址	北京鼓楼西大街甲 158 号
邮　　编	100720
网　　址	http://www.csspw.cn
发 行 部	010-84083685
门 市 部	010-84029450
经　　销	新华书店及其他书店

印刷装订	北京君升印刷有限公司
版　　次	2020 年 6 月第 1 版
印　　次	2020 年 6 月第 1 次印刷

开　　本	787×1092　1/16
印　　张	9
插　　页	2
字　　数	90 千字
定　　价	49.00 元

凡购买中国社会科学出版社图书，如有质量问题请与本社营销中心联系调换
电话：010-84083683
版权所有　侵权必究

课题组负责人：

  史 丹 中国社会科学院工业经济研究所所长、研究员

课题组成员：

  王 蕾 中国社会科学院工业经济研究所副研究员

  李鹏飞 中国社会科学院工业经济研究所研究员

  陈素梅 中国社会科学院工业经济研究所助理研究员

  马丽梅 深圳大学副教授 工业经济研究所能源经济中心特邀研究员

  聂新伟 国家发改委区域发展战略研究中心助理研究员 工业经济研究所能源经济中心特邀研究员

  李华杰 中国社会科学院工业经济研究所博士生

  蔺 通 华能南京金陵发电有限公司 副总经理、高级工程师

  赵 欣 内蒙古伊泰煤炭股份有限公司董事会秘书

摘要： 2020年伊始，新冠肺炎疫情突然暴发，对中国经济社会产生重要影响，也对能源行业的发展造成明显冲击。

本报告首先总结2019年能源行业特征，结合疫情影响能源经济的历史经验，着重探讨能源供需变化与宏观经济的双向影响，以便为能源行业更好地应对新冠疫情、实现经济发展目标提供政策建议。

宏观经济方面，新冠肺炎疫情对GDP、就业及汇率将产生负向冲击，影响最大的行业依次为娱乐业、住宿和餐饮业、房地产业、金融业、运输仓储业。

疫情对能源消费的影响分为短期、中期、后期三个阶段。如果疫情持续6个月或以上，同时在全球范围内传播，能源消费将受到较大冲击。（1）全球原油需求减弱预期叠加中国疫情，石油价格延续下跌势头，但油价下跌并不会导致经济扩张，持续的下跌将对就业、汇率产生明显的负向冲击；（2）疫情造成国际煤价进一步承压下行，国内煤价受复工影响开始抬升；（3）受疫情冲击电力需求放缓，电力交易价格明显下降，与其他能源相比，火电价格波动对经济的冲击最大。

综上所述，我们提出如下政策建议。从宏观政策方面建议做好"稳就业、促消费、控物价、防风险"四个方面的重点工作。能源政策上，一是要加大政府统筹协调，保障煤炭等能源企业有序复产复工；二是稳定油气进口，从稳定进口来源和运输两个方面来保障进口；三是实时监测电力供求形势新变化，确保电力系统安全可靠运行，加大对大规模储能电源的重视和投入，增加特殊时期电力系统的调节能力和安全稳定性。

关键词：新冠肺炎疫情；经济冲击；能源发展；政策建议

Abstract: At the beginning of 2020, covid-19 suddenly broke out; it has an important impact on China's economy and society, and also has a significant impact on the development of the energy industry.

The report summarizes the characteristics of the energy industry in 2019, combined with the historical experience of the epidemic affecting the energy economy, focuses on the two-way impact of changes in energy supply and demand and the macro economy, in order to provide policy recommendations for the energy industry to better respond to Novel coronavirus pneumonia.

In terms of macroeconomics, the new epidemic will have a negative impact on GDP, employment and exchange rate. It has the greatest impact on entertainment, following by accommodation and catering, real estate, finance and transportation and storage.

The impact of the epidemic on energy consumption is divided into three stages: short-term, medium-term, and long-term. If the epidemic continues for 6 months or more and spreads globally, energy consumption will be greatly affected. (1) Global crude oil demand is expected to weaken under the epidemic, oil prices continue to fall, this will not lead to economic expansion, it will have a significant negative impact on employment and the exchange rate; (2) The epidemic will cause further downward pressure on international coal prices, and coal prices will rise in domestic due to the resumption of work; (3) Due to the impact of the epidemic, the demand of electricity will slow, and the price of electricity transactions will drop significantly. Compared with other energy sources, fluctuations in thermal power prices will have the greatest impact on the economy.

In short, we put forward the following policy recommendations. From the perspective of macro-policy, we suggest that we do a good job in the four aspects of "stabilizing employment, promoting consumption, controlling prices, and preventing risks". In terms of energy policy, the first is to increase overall government coordination to ensure the orderly resumption of production of coal and other energy companies; The second is to stabilize oil and gas imports, to ensure imports from stable import sources and transportation; The third is to monitor changes in power supply and demand, ensure safe and reliable operation of the power system, and increase the importance and investment in large-scale energy storage power supplies, and increase adjustment ability and safety stability.

Keywords：COVID-19 Epidemic；Economic Impact；Energy Development；Policy Suggestion

目　录

一　国际能源形势变化特征 …………………………（2）

（一）石油供需格局出现新变化，需求相对
　　　平稳 ………………………………………（2）

（二）国际天然气市场相对宽松，全球贸易
　　　快速发展 …………………………………（7）

（三）可再生能源消费比重逐步增加，
　　　但尚不足以改变化石能源为主的
　　　格局 ………………………………………（12）

（四）能源市场发生变化，新的能源格局
　　　正在形成 …………………………………（14）

（五）气候变化虽然形成共识，各国能源
　　　政策仍各行其是 …………………………（16）

（六）能源投资回暖，前沿技术是投资的
　　　重点领域 …………………………………（21）

二 中国能源发展形势分析 …………………………… (24)
  (一) 能源供给能力提高,供给质量有所
      改善 ……………………………………………… (24)
  (二) 能源行业投资高速增长,传统能源
      行业效益有所改善 ……………………………… (31)
  (三) 能源需求增速回升,碳排放总量控制
      持续承压 ………………………………………… (36)
  (四) 油气对外依存度持续攀高,能源安全
      需高度重视 ……………………………………… (43)

三 新冠肺炎疫情对能源发展的影响 …………………… (45)
  (一) 全球主要疫情的历史经验总结与分析 …… (46)
  (二) 新冠肺炎疫情对GDP、就业及汇率的
      冲击 ……………………………………………… (59)
  (三) 新冠肺炎疫情对能源消费的影响 ………… (66)
  (四) 新冠肺炎疫情对能源供给的影响 ………… (73)
  (五) 新冠肺炎疫情对能源经济运行的影响 …… (87)

四 减少疫情损失的宏观政策与行业措施
     建议 ………………………………………………… (108)
  (一) 应对疫情下的宏观政策建议 ……………… (108)
  (二) 应对疫情下的中国煤炭安全的政策
      建议 ……………………………………………… (112)

（三）应对疫情下的中国油气安全的政策
建议 …………………………………… （117）

（四）应对疫情下的中国电力安全的政策
建议 …………………………………… （119）

（五）应对疫情下的推动能源数字化的
政策建议 ……………………………… （124）

参考资料 ………………………………………… （129）

2019年，中国能源消费总量比2018年增长了3.3%，同比增速持续三年增长。① 能源行业总体上呈现能源消费持续回暖、结构进一步优化、供给质量继续改善、行业效益稳步提高的特点。2020年伊始，新冠肺炎疫情突然暴发，给中国经济社会带来了巨大影响，也对能源行业的发展造成明显冲击。总结2003年"非典"时期的经验，并结合当前实际情况，我们认为，本次疫情将直接冲击下游需求，部分行业、尤其是服务业的能源消费或将进入短暂的下行探底阶段，对全年能源总体消费的影响有限。但是，随着疫情向世界各国的快速扩散，此次疫情对全球经济以及能源市场的影响或将呈现长期效应。本书首先总结了2019年能源行业特征，并结合新冠肺炎疫情对2020年能源形势的影响进行分析，以期深入研究能源行业当前的发展态势和未来走势。

---

① 本书数据如不做特别说明，均来自wind行业数据库。

一 国际能源形势变化特征

(一) 石油供需格局出现新变化，需求相对平稳

1. 传统油气生产大国持续减产，美国成为国际油气供应重要一极

受2014—2016年国际油价暴跌的影响，欧佩克（OPEC）国家和以俄罗斯为首的非欧佩克产油国组成"欧佩克+"减产联盟，以控制石油产量、稳定油价。2016年年底，欧佩克与非欧佩克产油国达成减产协议，从2017年开始共同减产。减产协议随后被多次延长。2019年以来，"欧佩克+"联盟减产执行效果良好，综合减产执行率在138%左右。2019年，欧佩克14国继2018年原油减产1.2%之后，继续减产3.7%，平均原油产量跌破3000万桶/日，同比大幅减少222.3万桶/日，总产量比重较2016年下跌3个百分点。其

中，沙特阿拉伯全年减产5%，原油产量降至4.9亿吨。"欧佩克+"方面，俄罗斯2019年平均产量较2018年小幅提升。2019年年底，在沙特阿拉伯推动下，"欧佩克+"达成在2020年一季度增加减产额度50万桶/日至170万桶/日的决议。

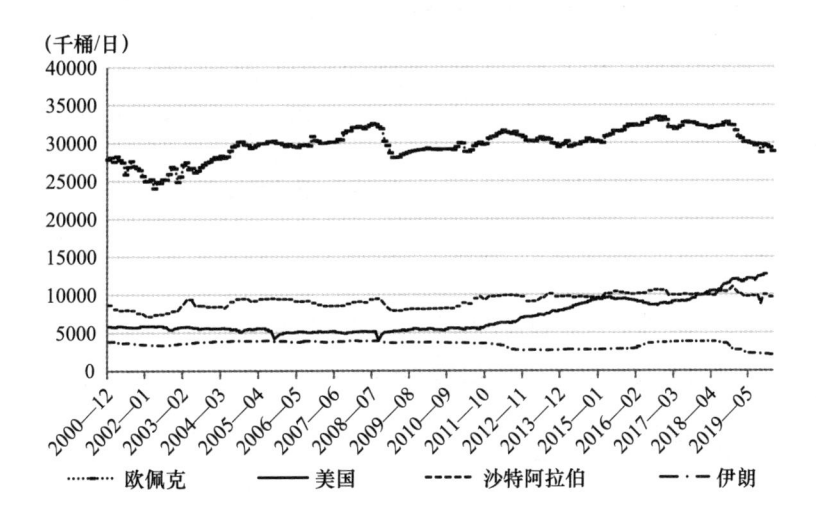

图1-1　主要原油生产组织和国家产量

2016年以来，美国受页岩油气产量增加、国内需求下降、出口禁令取消等因素影响，2018年成为全球最大石油生产国，2019年9月成为石油净出口国，预计到2020年中期将成为全球最大液化天然气出口国。截至2019年11月，美国原油产量1287.9万桶/日，同比增长7.33%，预计全年产量增加6000万吨，相当于利比亚全年总产量。美国石油产量占世界石油产量比重逐步提高至20%左右，相比2016年提高接近5个

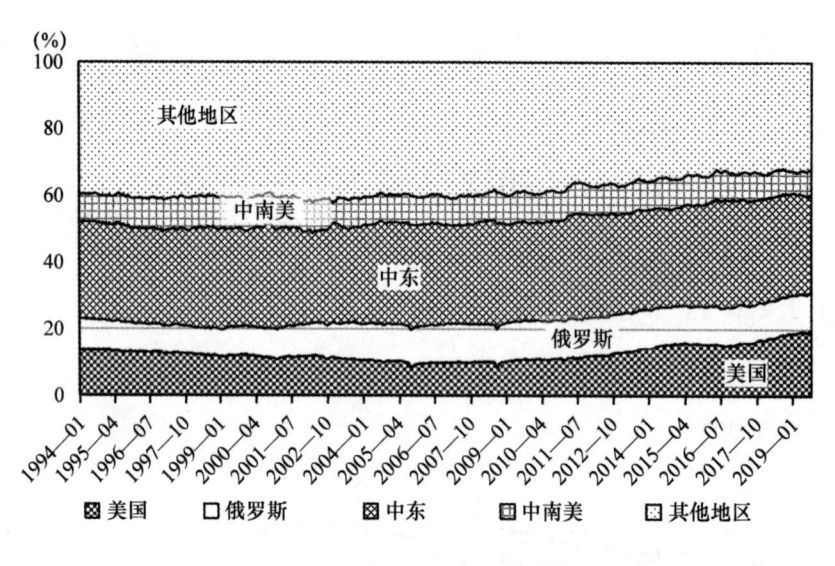

图 1-2 主要原油生产组织和国家产量比重

百分点。目前美国已成为世界石油供应的重要一方,而且不断挤压欧佩克和俄罗斯市场份额,对传统主要产油国带来巨大挑战。

2. 石油需求增速放缓,亚太等局部地区成为需求亮点

2010 年以来世界石油需求增速总体上呈下降趋势(见图 1-3)。2017—2019 年,世界石油需求分别为 9870 万桶/日、9962 万桶/日、10107 万桶/日,增速分别为 2017 年 2.6%、2018 年 0.9%、2019 年 1.5%。其中:发展中国家仍然是石油需求增加的主要动力,世界石油需求增量的 50% 左右来自发展中国家。2018 年、2019 年,发展中国家石油需求增量为 46 万桶/日

和64万桶/日,分别占当年世界石油需求增量的50%、44.14%。OPEC预测2020年发展中国家石油需求增速约为2.2%,增量约为73万桶/天,占世界石油需求增量的55.73%。

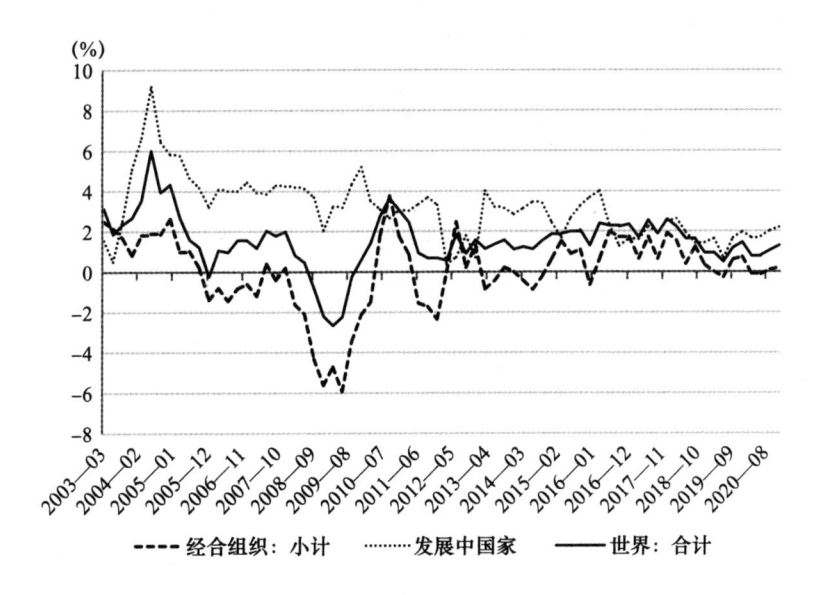

图1-3 石油需求年增速趋势

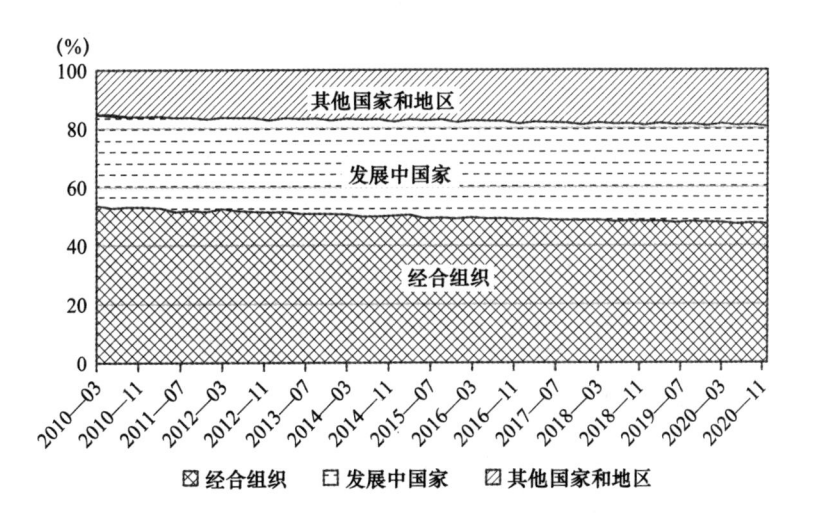

图1-4 主要国家和组织石油需求占比

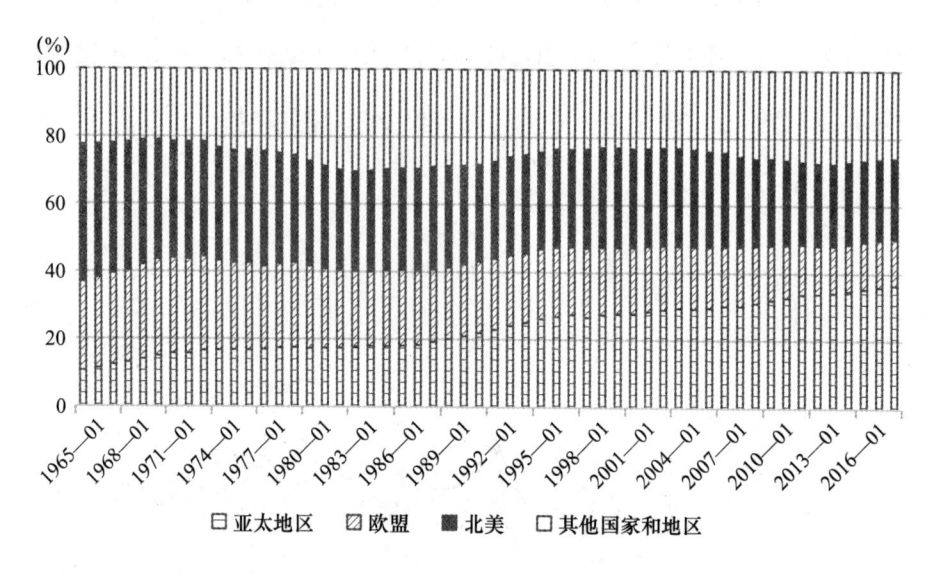

图 1-5 主要国家和组织原油消费占比

经济合作与发展组织（OECD）国家石油需求增长缓慢，2019年需求同比增速0.7%，增速远低于发展中国家。总量占比逐步下降，从2015年51%下降至2019年47.48%。OPEC预测2020年OECD国家石油需求增速降至0.2%。

由于亚太地区经济活跃，近年来大型油气管道等基础设施的投产，世界原油消费中心已经东移至亚太地区。2019年亚太地区原油消费比重已经增加至37%左右。北美和欧盟原油消费比重分别下降至23%、13%。全球石油消费和贸易中心逐步东移，主要油气出口国在亚太市场争夺激烈。

(二)国际天然气市场相对宽松,全球贸易快速发展

BP世界能源统计数据显示,2018年全球天然气消费增速较大幅度回升,达到5.3%。全球天然气产量稳步增长2018年产量增速达到5.2%。其中,非常规气占比在增加,全球LNG液化能力快速提升,市场供给能力增强,市场供需宽松。LNG贸易增长带动了全球天然气贸易量回弹,贸易格局正在发生变化。

1. 全球天然气消费增速小幅度回升

2018年,全球天然气消费3.85万亿立方米,同比增长5.3%(BP,2019),能源消费中天然气比重达到25%。从世界天然气消费区域分布来看,北美地区天然气消费增长较快,欧洲地区消费负增长,亚太地区、非洲地区消费快速回升。2018年,北美地区天然气消费同比上升9.3%,远高于过去十年1.9%的平均增速。欧洲地区天然气消费出现负增长,2018年天然气消费同比下降2.1%。亚太地区天然气消费保持较高增速,2018年天然气消费同比增长达7.4%。

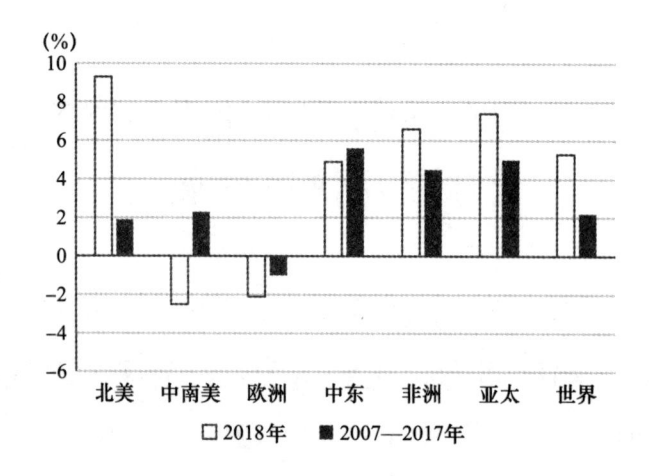

图1-6 分区域消费增速（2018年、2007—2017年平均）

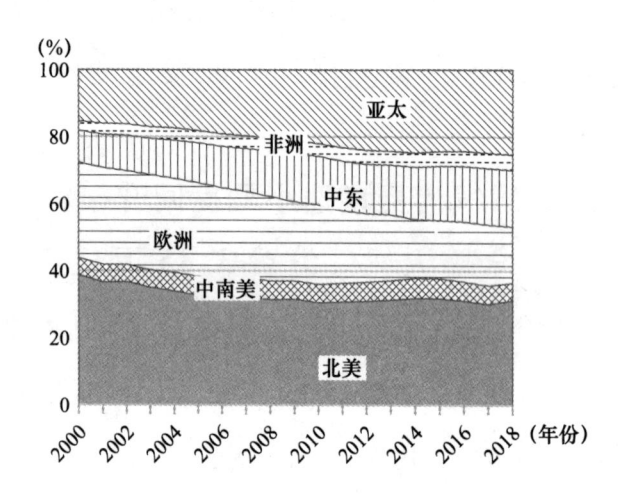

图1-7 主要区域天然气消费比重变化

目前，全球天然气主要消费地区依次是北美、亚太、欧洲（不包括独联体国家），消费比重分别为26.6%、21.4%、14.3%。亚太地区天然气消费量增速较快，2018年为8253亿立方米，较2000年增长了1.8倍，占比上升至21.4%，成为仅次于北美的第二

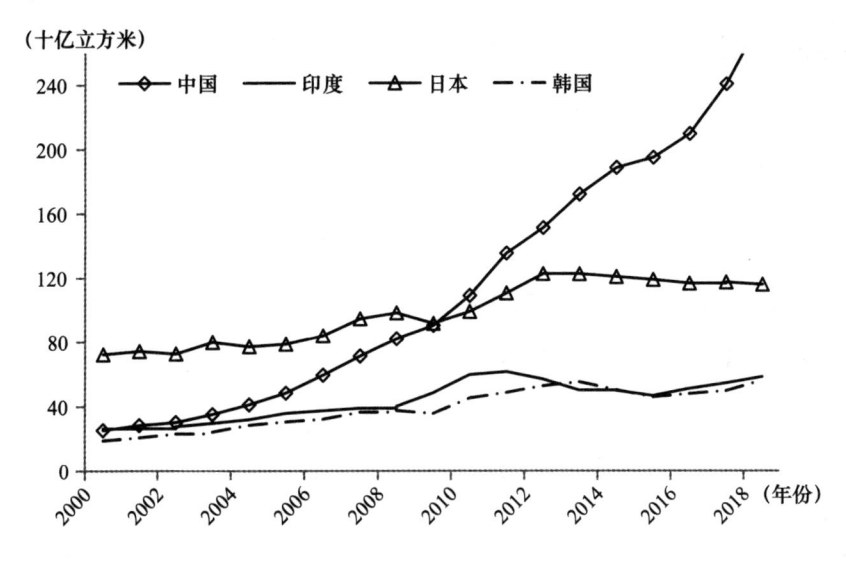

图 1-8 亚太地区主要国家天然气消费趋势

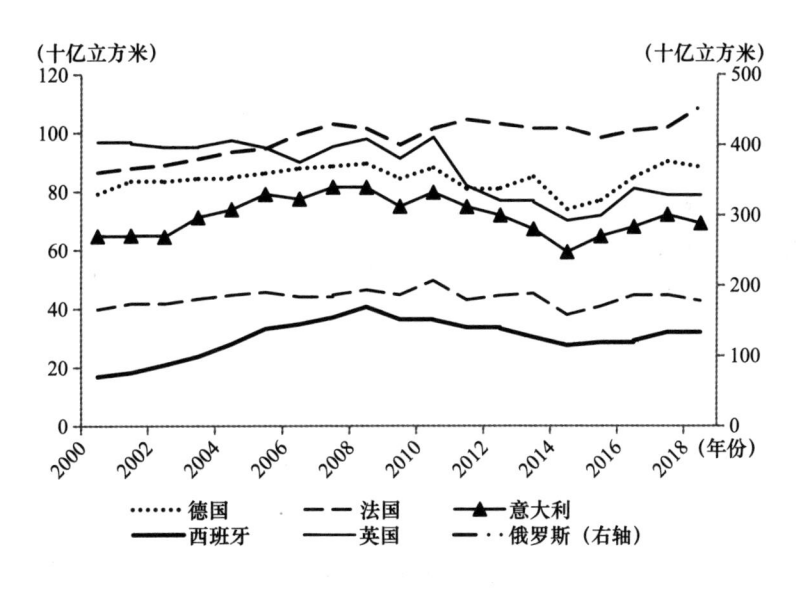

图 1-9 欧洲主要国家天然气消费趋势

大消费地区。亚太地区天然气消费增长主要来自于中国。中国天然气消费 2018 年增速高达 17.7%，消费总量为 2830 亿立方米。而欧洲地区主要国家，如法国、德国、意大利、西班牙、英国等国,天然气消费自2014年左右扭转下降趋势,开始反弹,并有进一步增长的动力。

2. 天然气供给能力增强

2018年,全球天然气产量3.87万亿立方米,同比增长5.2%。供给增长主要来自北美、独联体国家和中东,分别增长9.6%、5.3%、5.7%。全球LNG液化能力快速提升,新增LNG液化能力主要集中在亚太、北美地区。

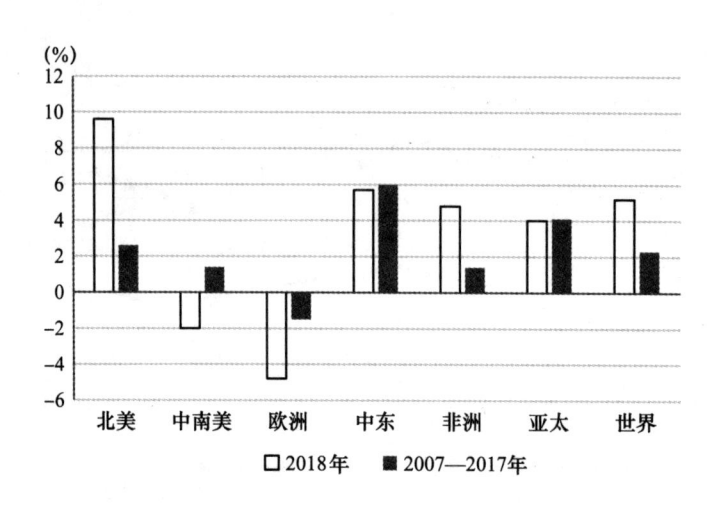

图1-10 分地区天然气产量增速(2018年、2007—2017年平均)

美国"页岩革命"后,天然气供给能力跃升至世界第一,产量约占全球比重的21%,成为国际天然气市场新的主导力量。2017年,美国自1957年以来首度成为天然气的净出口国。EIA 数据显示，2017 年美国净出口量为平均每日 3.5 亿立方英尺。除美国外的其他国家中，俄罗斯保持了稳定的市场占有率，2018 年，俄罗斯天然气产量为 6695 亿立方米，占比维持在 17% 左右。伊朗天然气产能得到释放，主要气田南帕尔斯气田产量达到 1300 亿立方米。

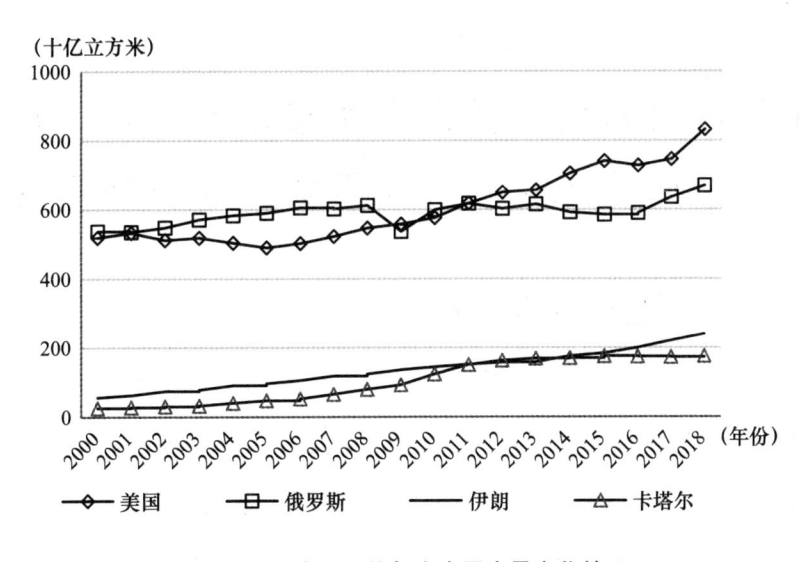

图 1-11　主要天然气生产国产量变化情况

3. 全球天然气贸易发展加速

2018 年，全球天然气贸易量达到 9434 亿立方米，同比增长 4.3%。2000 年以后，世界 LNG 贸易增长开始提速，或将成为最主要的天然气贸易方式。2018 年全球 LNG 贸易量 4310 亿立方米，同比增长 9.4%。进口增量主要来自于亚太（除日本、韩国外）和中东地区，中东增长最为迅速。从LNG供应方面看，卡塔尔仍是全球最大的LNG供应商，2018年出口量为1048亿立方米，约占全球的三分之一，澳大利亚和印度尼西亚紧随其后。美国2016年2月成为LNG出口国，其LNG出口具有规模大、贸易和成本方式灵活等优势，这种优势将对传统LNG贸易和供应格局产生一定冲击。

（三）可再生能源消费比重逐步增加，但尚不足以改变化石能源为主的格局

1. 可再生能源高速发展

风力发电、太阳能发电等电源技术日渐成熟，以风光为主的可再生能源发电具备了一定商业竞争力。在能源转型趋势下，可再生能源发展较快，延续着高速增长的态势。2018年，风电、光伏发电装机增速9.5%、24.4%，近十年平均增速分别达到18%、45%。终端能源消费低碳化趋势也比较明显，根据BP的统计数据，2018年全球可再生能源（包含水电）全球发电量比重达到25.1%，全球发电净增量的47%来自可再生能源发电（包含水电），可再生能源（包含水能）消费量比重约11%。

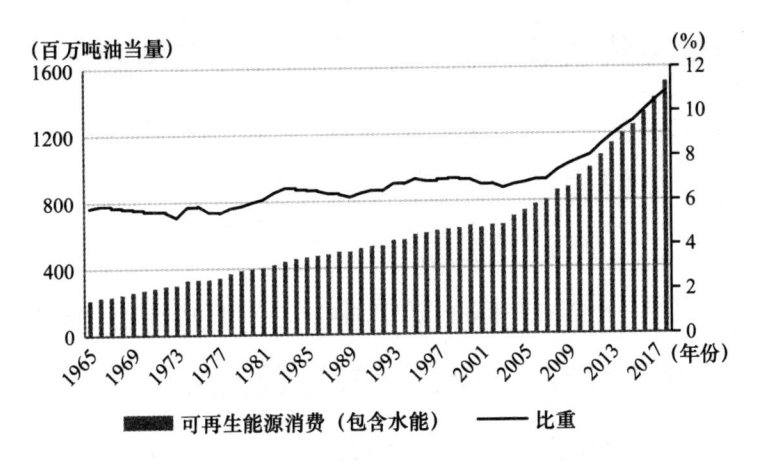

图 1-12　可再生能源消费总量及比重

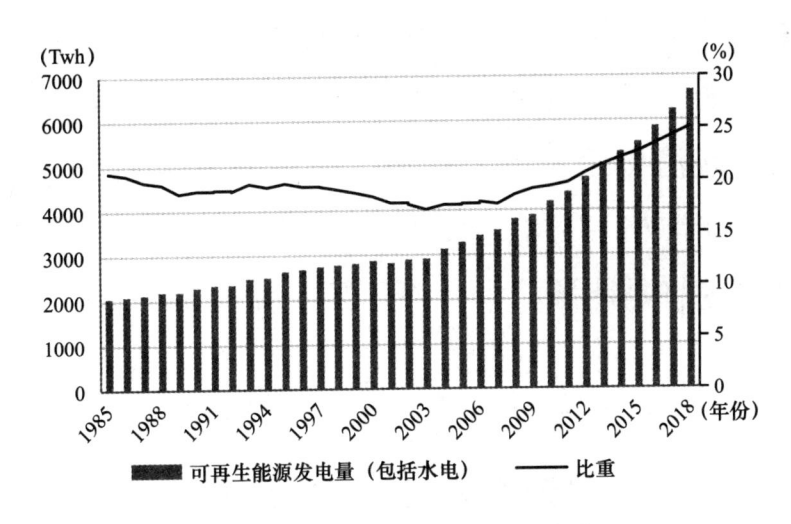

图 1-13　可再生能源发电量及比重

2. 可再生能源仍不能取代化石能源

可再生能源的高速发展，引领世界能源低碳转型方向。但当前还不足以撼动油气的主导能源地位，短期内不能改变现有的世界能源格局。一是消费总量占比略超10%，远低于油气消费比重。特别是美国页岩油气产量突然增长，极大提升了美国在国际能源市场的影响力，冲击世界油气市场，进一步强化了以化石能源为基础构建的世界能源体系。二是可再生能源能量密度低、分布广泛的特点，决定了可再生能源最优利用方式是分布式、适度集中式，且可再生能源很难形成全球性市场，可能性比较大的是在部分地区形成互联互通的局部性市场。只有包括应用端在内的能源技术（特别是与可再生能源相关联的技术）在各自的应用领域取得突破（至少能保证商业领域），诸如储能、氢能、智能电网、新能源汽车，等等，可再生能源的终端消费比重极大提高、应用领域更加多元，传统世界能源格局才会受到严峻挑战，届时决定世界能源格局的将是能源技术，而不是能源本身。

（四）能源市场发生变化，新的能源格局正在形成

2020年1月以来，美国和伊朗关系紧张程度升级致使中东前途难测、利比亚石油出口港设施受损、为稳定价格OPEC和俄罗斯达成减产协议、沙特阿拉伯单方面大幅度减少石油产量等减少全球油气生产和供应的事件不断发生，使全球油气生产和供应受到下降压力和预期，但同期美国的页岩油气产量同比大幅增

加，全球主要油气生产国受疫情影响不大，加上OPEC减产协议的真正实施落地尚需协调和时日，非OPEC产油国有提高产量的意愿，短期内全球油气供应大幅下降可能性很低。从需求侧看，除中国、印度等新兴经济体外，主要发达经济体增长仍保持在较低水平，脆弱的经济增长压抑油气需求快速增长，中国等新兴经济体是世界油气消费增量的主要贡献者，特别是中国过去贡献了油气消费增量的2/3。伴随供需形势的新变化，在传统能源格局下的各方势力此消彼长，局部市场争夺更加激烈。

1. 美国强化对全球能源市场干预

原本更多依靠军事、美元、金融等主要手段的美国，由于实现了"能源独立"，影响国际能源市场手段更加多元化，手段也更加强硬。2019年，美国不仅重启对伊朗制裁，更是直接宣布不再给予任何国家对伊朗石油制裁豁免。在欧洲能源市场，美国坚定地与俄罗斯竞争，不仅极力阻止由俄罗斯经波罗的海直通德国的"北溪-2"天然气管道项目，还将其与解决双边贸易摩擦挂钩。

2. 欧佩克积极寻求新的合作者

传统产油国控制油价话语权下降，寻求新的合作。

中东地区，俄罗斯与沙特阿拉伯积极开展合作，以强化其在中东的政治影响。2016年年底成立的"欧佩克+"联盟即是主要产油国应对国际能源格局变动的产物。但是，"欧佩克+"联盟在控制全球油价上能力下降，每次削减市场份额，都给美国石油争夺市场造成了机会。

3. 能源消费大国的市场力正在上升

在全球能源需求总体下降的背景下，亚太地区能源需求持续增加，占有的市场份额不断增长，对能源价格影响力由此有所上升，也成为能源输出国积极合作的对象。俄罗斯、中东国家都在加强与石油进口大国的能源全产业链合作，能源消费大国与能源输出国的合作意愿则进一步增强，巩固本国能源安全。

（五）气候变化虽然形成共识，各国能源政策仍各行其是

向低碳能源转型是世界能源发展的趋势。在共同应对气候变化的行动上，超过140个国家和地区制定了国家可再生能源发展目标，约130个国家对可再生能源发电项目出台了相应的激烈措施，约70个国家

鼓励可再生能源在交通领域的应用。在政策鼓励下，可再生能源以不同利用形式、不同角色定位逐步发展成为各个国家能源体系中的有机组成部分，对能源结构优化起到了积极作用。但是由于各国资源禀赋、能源系统结构、经济发展阶段都不相同，能源转型路径、进程都存在差异。甚至因各国自身利益，产生了化石能源投资的路径依赖。近几年世界各国的能源政策和能源领域投资方向也充分体现了本国现实利益。能源低碳转型亟需各国政府以及传统能源企业的有效参与。

1. 欧佩克和美国等拥有化石能源资源优势的国家继续支持化石能源行业

传统石油生产国能源发展政策重点仍然是化石能源，而且不断出台新政策持续鼓励油气行业，进一步强化油气行业的主导地位。"欧佩克+"联盟持续达成减产协议，以控制石油产量，稳定国际油价，维护本国根本利益。美国特朗普政府一改奥巴马政府的能源政策方向，重新支持化石能源的开发利用。资源大国陆续减税，以降低能源企业生产成本，出台相关的优惠政策来吸引外国投资。

表1-1　部分国家支持化石能源行业的主要政策

国家/地区	政策重点内容
"欧佩克+"联盟	2016年年底,欧佩克与非欧佩克产油国达成减产协议,从2017年开始共同减产。减产协议随后被多次延长。2019年7月2日,"欧佩克+"各方一致同意将已经于6月30日到期的石油减产协议再延长9个月至2020年3月底,减产幅度维持在当前的120万桶/日。12月6日,"欧佩克+"各方决定,在此前基础上,再减少50万桶/日的供应量,达到每日共计减产170万桶
美国	2017年1月:"美国第一能源计划",制定了其执政时期的能源发展重点,进一步推动美国的页岩油气革命,增加全球石油和天然气供应。 2017年3月:《关于促进能源独立和经济增长的总统行政命令》。在煤炭方面,取消了已生效并执行一年多的联邦土地新开煤矿禁令。在油气方面,除了扩大自身石油产量外,鼓励扩大从加拿大、墨西哥等美洲国家的石油进口量,进一步降低对中东地区石油的依赖 2017年特朗普签署《减税与就业法案》。减税方案对于石油天然气等传统能源企业重大利好,税改涉及的企业所得税、利息税收抵扣、替代性最低减税额等内容将对能源企业的生产运营产生实质性影响
卡塔尔、伊朗	卡塔尔宣布重启世界最大天然气田北方气田的开发。伊朗宣布扩大南帕尔斯气田产量,并与法国道达尔签署了开发南帕尔斯气田二期项目的初步协议
俄罗斯	2017年11月,俄罗斯联邦政府通过了讨论已久的开采碳氢化合物所得附加税征收方案,同月,俄联邦税法修订法案(关于征收开采碳氢化合物所得附加税的内容)提交至俄国家杜马。西西伯利亚地区35个试点项目启用开采碳氢化合物所得附加税后有望使总产量提升1亿吨
沙特	2017年3月,沙特颁布法令,宣布将根据石油企业在沙特的投资规模,下调其所适用的所得税税率。此前,石油企业的所得税税率统一为85%。此次调整后,石油企业投资额大于1000亿美元的,所得税税率为50%;投资额介于800亿—1000亿美元之间的,所得税税率为65%;投资额介于600亿—800亿美元之间的,所得税税率为75%;投资额低于600亿美元的,所得税税率仍为85%
拉美国家	减税激励油气上游发展。巴西国会批准延长油气勘探开发商品进口税收激励政策执行期限,将暂停征收进口税的期限延长至2040年。颁布特别的税收制度来支持石油和天然气行业的本地供应商。墨西哥、阿根廷也纷纷推出税收优惠,以激励油气上游的勘探开采活动

2. 欧盟和中国等大力支持清洁能源发展

欧盟持续发力推动清洁低碳能源发展，一方面降低对化石能源的依赖，另一方面期待通过新能源技术引领世界能源变革。其政策重点主要表现在：一是电力领域的"脱煤"，逐步淘汰或停止建设大型燃煤电厂；二是在交通运输领域禁售燃油车，多个国家发布禁售燃油车时间表，包括中国、美国、挪威、德国、英国、法国等在内的世界主要国家，都对新能源汽车提供了财政补贴、税收减免以及其他方面的优惠措施；三是对清洁能源，设定可再生能源发展具体目标以及出台碳排放征税，等等。中国在促进新能源发展方面政策力度较大，成效显著，风电和光伏装机规模大大领先其他国家，新能源应用模式由集中式向集中式和分布式共同发展转变。

表1-2　部分地区和国家支持清洁能源的主要政策

国家/地区	政策重点内容
欧盟	叫停化石能源项目融资。2019年11月，欧盟金融投资机构欧洲投资银行宣布，为应对气候变化挑战，将在2021年年底前停止为一切化石能源项目提供贷款，包括燃煤发电及天然气发电项目。欧洲投资银行表示，将设立全新的二氧化碳排放标准，从2021年年底开始，该银行资助的能源项目二氧化碳排放限制将从此前的每千瓦时发电量二氧化碳排放量不得高于550克，缩减为每千瓦时发电量二氧化碳排放量不得高于250克。在未来10年内，该机构还将为对抗气候变化以及可持续发展等相关项目释放出超过一万亿欧元的资金

续表

国家/地区	政策重点内容
法国	计划从 2040 年开始，全面停止出售汽油车和柴油车，同时将通过经济手段激励法国民众使用新能源车辆。 出台新能源车辆的补贴政策和税收减免政策
英国	英国政府宣布将于 2040 年起全面禁售汽油汽车和柴油汽车，届时市场上只允许电动汽车等新能源环保车辆销售。 出台电动车补贴政策和税收减免政策
英国	2017 年英国发布《清洁增长战略》。通过发展绿色金融、提高能效、发展低碳交通、淘汰煤电等近 50 项措施来落实国内第五个碳预算目标（2028—2032），即到 2032 年比 1990 年水平减排 57%。通过战略的实施，2032 年英国一次能源消耗量将在此前预测基础上（未采取清洁增长政策行动的情况下）减少 13%，其中减少量主要来自化石能源
荷兰	从 2025 年开始禁止在荷兰本国销售传统的汽油汽车和柴油汽车
挪威	从 2025 年起禁止燃油汽车销售。免除新能源汽车增值税，减免 50% 公车使用税，免除新能源汽车道路税
印度	2030 年将实现车辆电动化，全面停止以石油燃料为动力的车辆销售
美国	联邦税收减免
日本	出台新能源车补贴政策
	出台纯电动和混合电动汽车的年度补贴标准，免除部分机动车税
德国	2017 年 1 月，德国《可再生能源法》（2017）修订案正式生效。其中，最重要的新规是将可再生能源补贴国家定价制度转换为公开竞争的招投标程序，以确定对风能、太阳能和生物质能发电的补贴额度。同时，新规对免予招投标程序的各种例外情况做出规定。2025 年可再生能源发电量需占总发电量的 40%—45%；2035 年目标进一步提高到 55%—60%。德国将维持 2022 年全面废核的目标，以及 2020 年碳排放量较 1990 年减少 40% 的减排承诺
意大利	意大利经济发展部和环境部决议通过国家能源战略。在可再生能源领域，能源战略目标包括：可再生能源发电比例从 2015 年的 17.5% 增至 2030 年的 55%，可再生能源供热从 19.2% 增至 30%，交通运输行业可再生能源利用率从 6.4% 增至 21%。通过发展可再生能源和提高能效，意大利国家能源进口依存度将由 2015 年的 76% 降至 2030 年的 54%

（六）能源投资回暖，前沿技术是投资的重点领域

国际能源机构（IEA）的《世界能源投资报告2019》显示，2018年全球能源领域投资总额超1.8万亿美元，结束了连续3年负增长。受投资成本下降的影响，煤炭、油气等化石能源投资略有增加。与2017年相比，全球范围内油气方面的投资增加了1%，煤炭投资增加了2%。全球可再生能源投资出现一定程度的下降，2018年新增投资2880亿美元，同比下降13%。

1. 中国仍然是全球最大的能源投资市场

2018年中国能源投资总额达3810亿美元，超美国300亿美元，占全球市场份额的20%左右。主要的投资领域集中在电力工业和化石能源行业。其中大量资金投入诸如核电、可再生能源发电等低碳项目。美国仍为全球第二大的能源投资地区，占全球市场份额17%左右，主要的投资领域也是电力部门和化石燃料部门。其中主要投资投向了页岩油行业。欧洲地区能源投资占全球能源投资比重约为14%，投资主要集中在能效和可再生能源领域。印度是2018年增长最快的新兴投资市场，由于金融机构对化石能源项目的乐观，

印度国有银行和金融机构主要为化石能源项目提供融资。

2. 前沿清洁能源技术的研发受到资本高度关注

IEA 的《能源转型中的石油和天然气行业》数据显示，传统油气企业在核心业务领域以外的投资不到总资本支出的1%。个别领先的油气企业在核心油气供应之外的项目上平均支出约为5%，其中，主要集中在太阳能光伏和风能。

一是储能投资。储能一直被业内视为全球可再生能源大规模应用的主要技术之一。但目前仍缺乏有效、更经济的储能方案。包括传统能源公司在内的多家企业，将储能作为企业顺应能源转型的战略举措。2019年壳牌新能源合作开发了首个电网级电池储能系统。同时宣布将收购全球分布式储能的领军企业 Sonnen，借此将有可能成为欧洲最大储能企业。2019 年 8 月，日本风险投资巨头软银旗下愿景基金宣布将向瑞士储能初创公司 Energy Vault 投资 1.1 亿美元，拓展新型储能技术"能量巨塔"。二是布局氢能。迄今为止，多个国家已经着手布局氢能，以摆脱化石能源的依赖。日本从顶层战略制定、技术开发、项目执行等多个层面在稳步推进氢能和燃料电池发展和应用。2017 年 12 月，日本制定《氢能基本战略》，在战略层面设定氢能中长期发展目标；2019年3月，日本更新《氢能与燃料电池战略路线图》，提出2030年技术性能和成本目标；2019年9月，日本政府出台《氢能与燃料电池技术开发战略》，确定了燃料电池、氢能供应链、电解水产氢三大技术领域10个重点研发项目的优先研发事项。德国政府自2019年6月推出氢战略以来，不断增加氢能科研投入，欲将氢能作为核电和煤电的重要替代能源。澳大利亚也宣布将投资95万美元用于建设光伏制氢项目。美国每年已经有数亿资金投向氢能领域，并产生了一定规模：拥有全球半数以上的氢燃料电池汽车（7600辆），2.5万辆燃料电池叉车，8000余套小型燃料电池系统分布于美国各地，大型燃料电池发电规划及装机合计已超过550兆瓦。第二十五届联合国气候变化大会期间，欧盟《欧洲绿色协议》专门将氢能列为欧盟能源转型的投资关键领域。

二 中国能源发展形势分析

（一）能源供给能力提高，供给质量有所改善

1. 油气生产和进口同比增长，供给得到有效保障

第一，煤炭结构性去产能不断深入，原煤生产增速略有回落。根据国家统计局数据，2019年，全国规模以上煤炭企业原煤产量37.46亿吨，比2018年增长4.2%，增速比上年回落1.0个百分点。全年情况来看，下半年原煤产量同比增速开始回落。2019年8月，为进一步提升煤炭供给体系质量，推动煤炭行业"上大压小、增优减劣"和产业结构调整，六部委发布《30万吨/年以下煤矿分类处置工作方案》。方案提出加快退出煤炭落后产能，按照严格执法关闭一批、实施产能置换退出一批、升级改造提升一批的要求，对30万吨/年以下煤矿进行分类处置，加快退出低效无效产能，

提升安全生产保障水平。在政策引导下,煤炭优质产能向资源富集地区进一步集中。根据国家统计局数据,2019年,山西、内蒙古、陕西和新疆原煤产量占全国76.8%,占比较2018年提高了2.5个百分点。

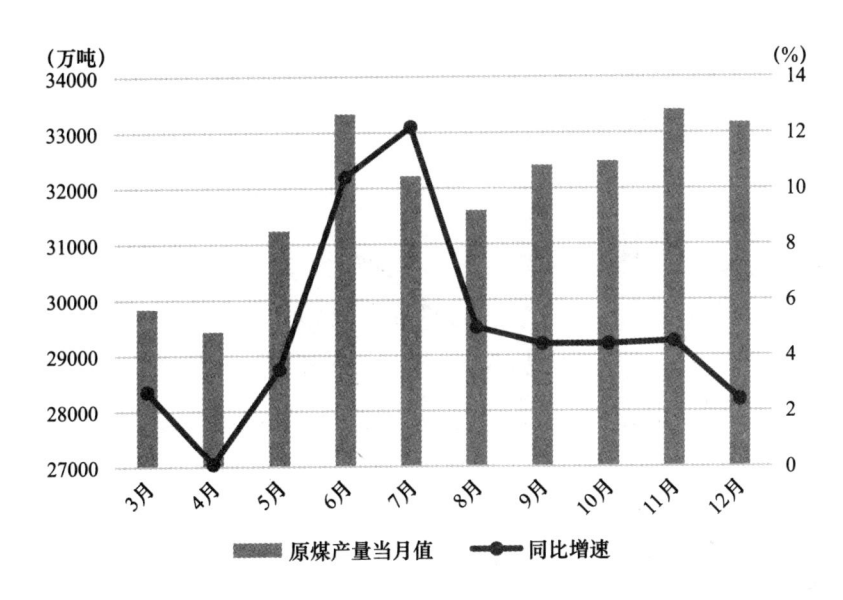

图2-1 规模以上工业企业原煤产量当月值及增速

第二,油气新增探明储量增长较快,原油生产增速由负转正,天然气生产快速增长。根据国家统计局数据,2019年,石油和天然气新增探明储量分别达到12亿吨和1.4万亿立方米,比2018年分别增长25.0%和68.0%。

全年规模以上工业企业原油产量1.9亿吨,增长0.8%,增速由负转正。初步统计全年进口原油50572万吨,对外依存度达到72.6%,较2018年提高1.8个百分点。原油加工量65198.1万吨，同比增长7.6%，增速较2018年同期提升0.8个百分点；初步统计成品油产量约3.8亿吨，同比增长5.4%，增速较2018年同期提升4.8个百分点。

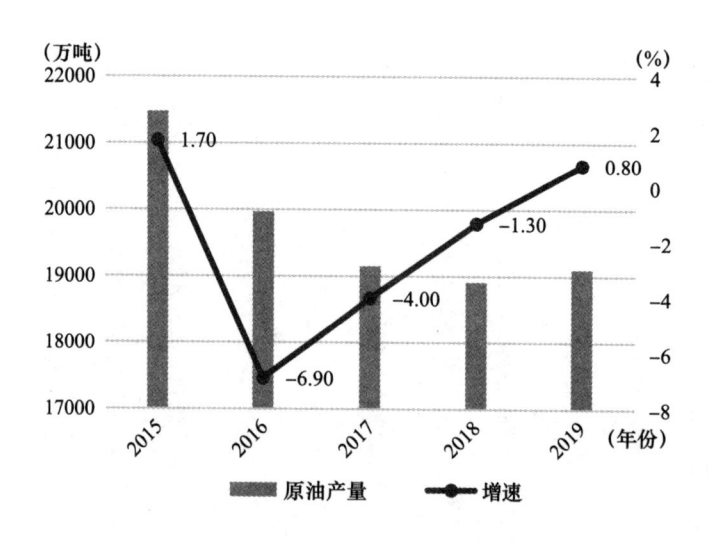

图2-2 规模以上工业企业原油产量及增速

天然气产量1736亿立方米，增长9.8%，增速较2018年提升2.3个百分点，连续三年增产超过100亿立方米。其中，致密砂岩气、页岩气和煤层气等非常规天然气产量占比超过30%，增长23.0%，拉动全部天然气产量增长6.9个百分点。天然气进口量大约1300亿立方米，同比增长6.7%，增速较2018年同期回落24个百分点，对外依存度较2018年略有下降。全年情况来看，随着产量回升，下半年天然气对外依存度略有下降。

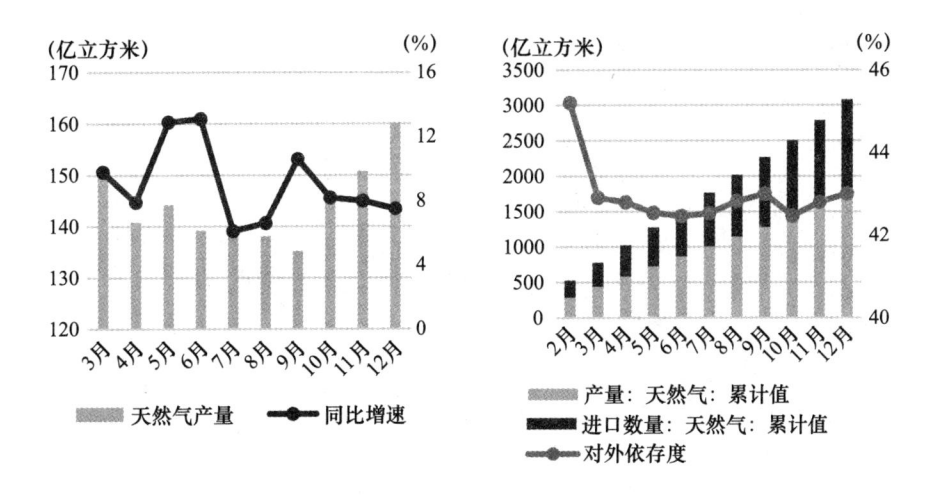

图 2-3　规模以上工业企业天然气产量当月值及增速

2. 煤炭产能释放，生产集中度不断提升

2019年新增产能逐步释放，供给端整体较为宽松。从单月煤炭产量来看，2019年新增产能逐步释放，其中2019年1—4月煤炭产量增速表现得不明显，分别为0.35%、-3.50%、2.80%、0.34%，从5月开始，受益于外部经济环境和新增产能集中释放，原煤产量大幅提升，5—10月煤炭产量增速分别为5.19%、11.86%、14.47%、6.55%、5.92%、6.47%。

实行供给侧结构改革以来，煤炭产业的集中度逐步提升，主要表现在两方面，一是向大型煤炭生产企业集中；二是向晋陕蒙集中，供给端的可供性增强。具体来看，全国煤矿数量由2016年的7866座降至2018年的5800座左右。千万吨级煤矿由2017年的70座增加至2018年的79座（含生产和在建），亿吨级企

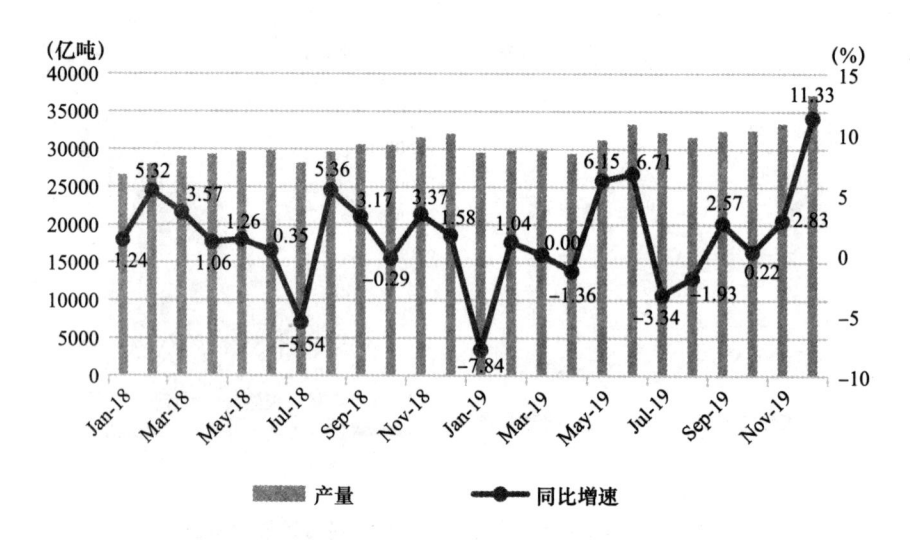

图 2-4　2018 年 1 月—2019 年 12 月煤炭生产总量及同比

业产量占全国比重由 2016 年的 31.78% 提升至 2018 年的 33.17%，千万吨级企业产量占全国比重也有所增加，产量向大型煤矿集中。此外，2016—2018 年，中国"三西"（山西、陕西、内蒙）地区原煤合计产量占比分别为 63.50%、65.32%、66.33%，提升明显，中国煤炭资源分布结构性差异较大，区域集中度稳步提升。特别是湖北地区周边的华东地区和中南地区去产能明显。

长期来看，未来中国新增产能主要集中在"三西"地区，而淘汰的落后产能主要集中在中国西南部地区，可以预见行业集中度将稳步提升。一方面国有大型煤炭企业的产量整体稳步提升，行业集中度向大型煤企集中，供给侧释放的可控性不断增强。另一方面，我们认为，由于资源枯竭和去产能的影响，东北地区和

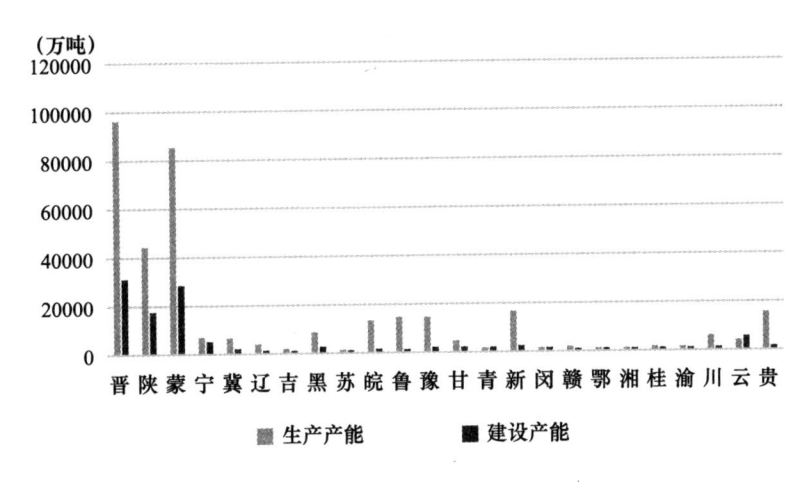

图 2-5 各省煤炭产能和建设产能

华东地区国有大型煤炭产量下降。

3. 电力生产增速放缓，清洁电力供给进一步提高

2019年中国能源转型进程稳步推进，火电发电装机增速逐步放缓，可再生能源装机占比不断提高，尤其是风电、光伏发电增长较快。

根据国家统计局数据，2019年，规模以上工业企业发电71422.1亿千瓦时，比2018年增长3.5%，增速较2018年同期回落3.3个百分点。新能源和可再生能源发电占比27.7%，同比增长1%。其中，火电51654.3亿千瓦时，比2018年增长1.9%，增速较2018年回落4.1个百分点；水电11534.4亿千瓦时，比2018年增长4.8%，增速较2018年提升0.7个百分点；因核电新组相继投产运行，2019年核电继续保持高速增长，发电量达到3483.5亿千瓦时，增速18.3%；太阳能发电1172.2亿千瓦时，较2018年增长13.3%；风电3577.4亿千瓦时，比2018年增长7.0%，增速同比下降9.6个百分点。

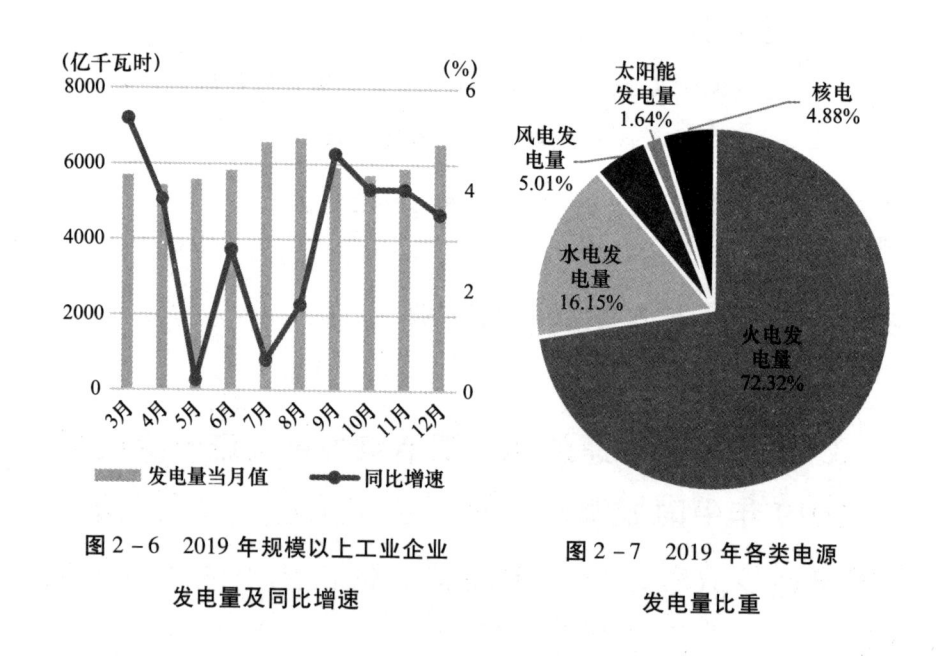

图2-6 2019年规模以上工业企业发电量及同比增速

图2-7 2019年各类电源发电量比重

2019年全国发电设备累计平均利用小时为3825小时，比2018年同期降低37小时。火电、风力发电和核电设备利用小时比2018年提高。其中，火电发电设备利用小时数4293比2018年同期下降68小时，并网风电设备利用小时数2082，比2018年同期下降21小时；核电7394小时，比2018年降低149小时。水电和太阳能发电设备利用小时比2018年提高，其中，水电发电设备利用小时数3726，比2018年同期提高113

小时,并网太阳能发电 1285 小时,比 2018 年提高 55 小时。

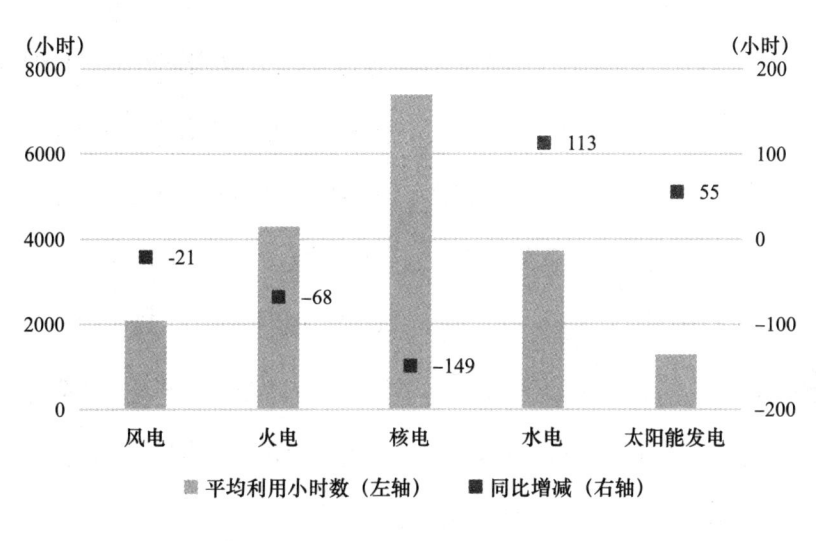

图 2-8 各类电源发电设备利用小时数

(二) 能源行业投资高速增长,传统能源行业效益有所改善

1. 能源行业投资高速增长

2019 年,煤炭开采和洗选业固定资产投资 3634.81 亿元,同比增长 29.6%,增速较 2018 年同期提高 23.6 个百分点。石油和天然气开采业固定资产投资 3306.4 亿元,同比增长 25.7%,增速较 2018 年同期提高 26.4 个百分点。石油加工、炼焦及核燃料加工业固定资产投资 3312.57 亿元,同比增长 12.4%,增速较 2018 年同期提高 2.3 个百分点。电力、热力的生产

和供应业固定资产投资19303.73亿元，同比下降0.2%，与2018年同期相比降幅缩窄。

电源建设投资增速由负转正，清洁电源投资比重提高。2019年，全国电源基本建设投资完成额3139亿元，同比增长12.6%，较2018年同期增速由负转正，提升18.8个百分点。其中，水电、火电、核电分别完成投资814亿元、630亿元、335亿元，分别同比增长16.3%、-20%和-25%；2019年1—11月，风电投资892亿元，同比增长84.8%。水电、核电、风电等清洁能源完成投资占电源完成投资的70%以上，比2018年同期提高近10个百分点。

2. 传统能源行业效益有所改善

一是煤炭行业供给侧改革逐步深入，行业效益明显好转。2011年开始，中国煤炭行业进入了需求增速放缓、产能严重过剩、结构亟待调整的发展阶段。整体行业效益结束了近十年的高速增长期，并持续下跌至2015年。2011年年底煤炭开采和洗选业利润总额4341.73亿元，销售利润率13.32%，2015年则分别跌至440.8亿元、-0.29%，超过80%的煤炭企业亏损。环渤海动力煤指数跌破400元，重回十年前的"3"时代；煤炭库存连续47个月超过3亿吨，过剩产能无处消纳。

经过 5 年的行业结构调整、企业兼并重组、体制机制完善，2016 年以来，在以"控煤"为重要特征的能源转型背景下，煤炭行业形势好转，行业效益实现止跌反弹。从数据来看，2019 年煤炭行业利润总额 2830.3 亿元，较 2015 年增长了 5.4 倍，2018 年销售利润率 12.75%，接近历史最高水平。虽然煤炭行业整体向好，但当前煤炭行业仍处在调整期，随着过剩产能压减力度加大，行业将逐步实现高质量转型发展。

从资本收益率的国际对比来看（见图 2-10），中国煤炭工业企业经济效益或盈利能力总体上要低于国际煤炭企业平均水平。

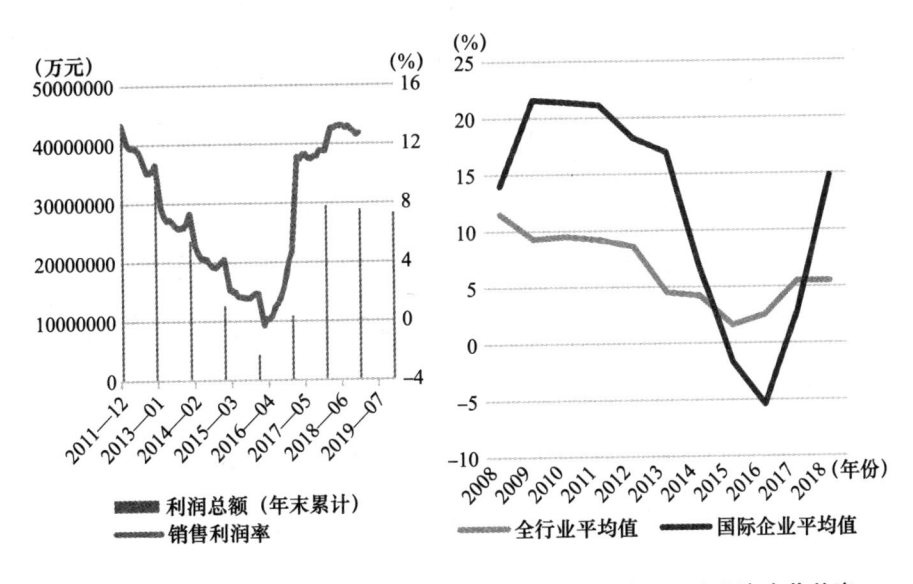

图 2-9 煤炭开采和洗选业行业效益

图 2-10 煤炭工业企业资本收益率国内外对比

二是石油和天然气开采业行业效益总体向好，油气企业效益短期易受国际油价影响。2012年以来，石油和天然气开采业利润总额4094.28亿元，达到2008年12月以来最高水平，此后持续下降至2016年年底。尤其是受到（2014年开始的）国际油价持续低迷的影响，国内石油行业受到严重冲击。2016年中国石油和天然气开采业全年利润总额为-476.3亿元，销售利润率跌至-7.36%，均为2000年以来最低水平。受此影响，国内石油企业大幅度削减勘探和开发业务。随着国际油价企稳回升，国内油气企业的并购交易开始活跃。如，上游资产交易逐步增长，部分企业通过收购，延伸上下游业务，提高企业综合竞争力。2016年以来，中国石油和天然气开采业行业效益逐步改观，整体向好。2019年，石油和天然气开采业利润总额1606.1亿元，2018年12月销售利润率迅速反弹至19.29%。从资本收益率的国际对比来看（见图2-12），中国石油天然气开采企业经济效益或盈利能力总体上要高于国际油气企业平均水平。

从短期来看，石油天然气企业效益主要受国际原油价格影响。2019年第二季度国际油价开始走弱，企业营收增速随即放缓。前三季度行业营收增速为6%左右，创2018年以来新低，首次单季度营收增速低于10%。营收增长一方面来自于油气公司原油产量增长以量补价，另一方面来自于炼化规模化、一体化项目投产。过去两年石化行业大规模产能扩张，并在2019年相继投产，行业竞争开始加剧，企业盈利能力下降。2019年前三季度石化行业利润总额同比下降24%；其中三季度单季度实现利润总额436亿元，同比下降40%。

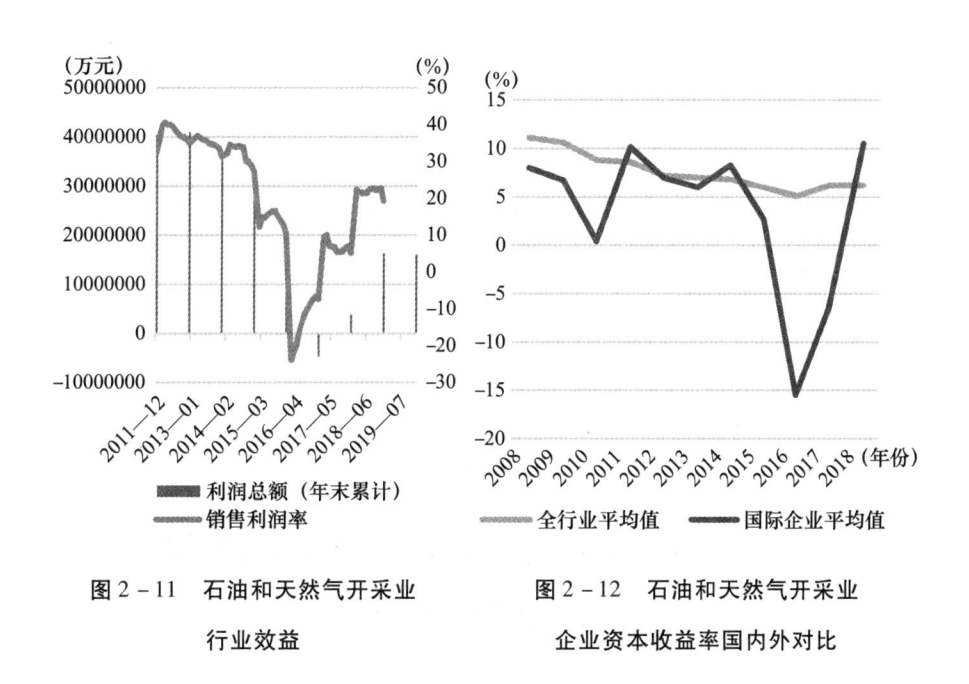

图2-11　石油和天然气开采业行业效益

图2-12　石油和天然气开采业企业资本收益率国内外对比

三是电力、热力的生产和供应业行业效益相对比较稳定。2016年以来，虽然行业利润总额有所下降，但销售利润率基本稳定在3%—5%。2019年全行业利润总额3900.6亿元，同比增长19%，2018年12月行业销售利润率5.31%。从资本收益率的国际对比来看

（见图 2-14），中国电力、热力生产和供应企业经济效益或盈利能力要明显低于国际油气企业平均水平。

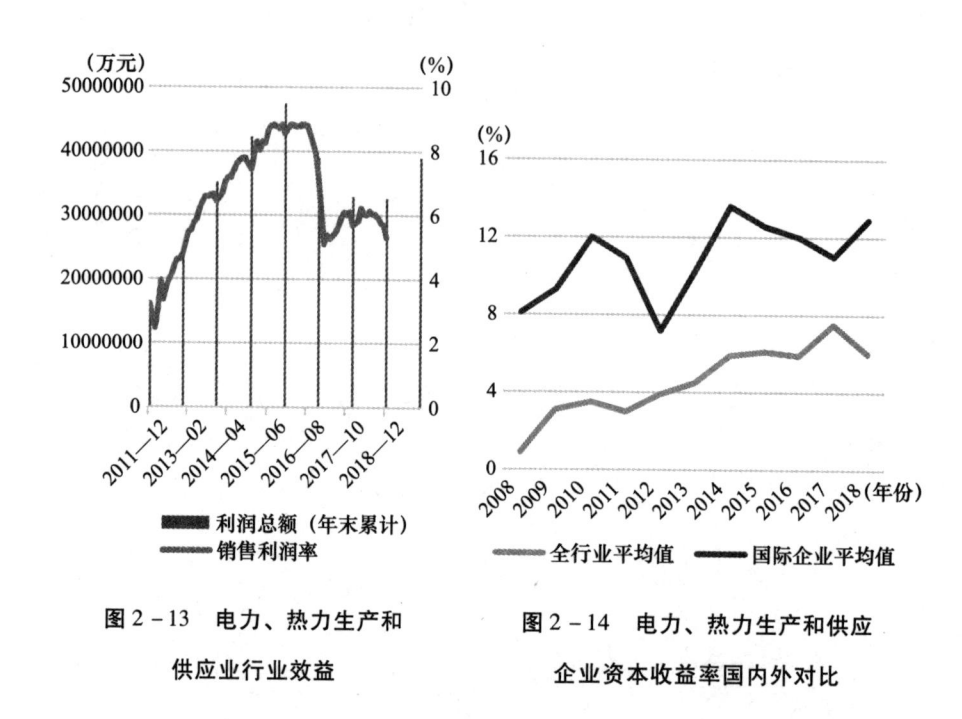

图 2-13　电力、热力生产和供应业行业效益

图 2-14　电力、热力生产和供应企业资本收益率国内外对比

（三）能源需求增速回升，碳排放总量控制持续承压

1. 煤炭消费持续回暖，减碳压力将逐步增加

2019 年，中国动力煤消费总量约为 34 亿吨左右，较 2018 年增长 5%，持续三年增长。全年动力煤消费总体上呈上升趋势。尤其是下半年，动力煤累计消费量同比增速 7.18%，除了 10 月，消费同比增速也稳步增长，12 月同比增速达到 12.93%，超过 2018 年同期

7.66个百分点。根据我们测算，要实现2030年二氧化碳排放达到峰值，未来10年必须要将过去10年二氧化碳年均5%的增速降至1.5%以下，这意味着煤炭消费总量增速也应同步实现下降，否则未来碳排放总量控制形势会愈加严峻。

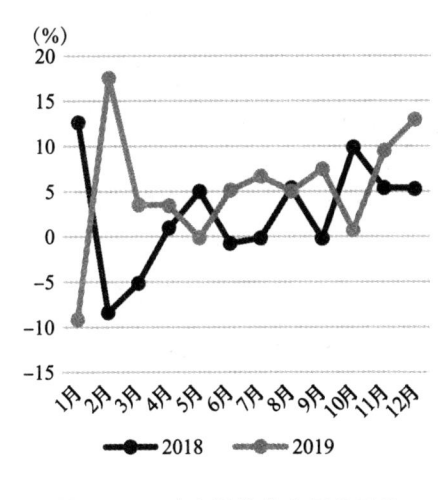

图2-15　动力煤消费当月值同比

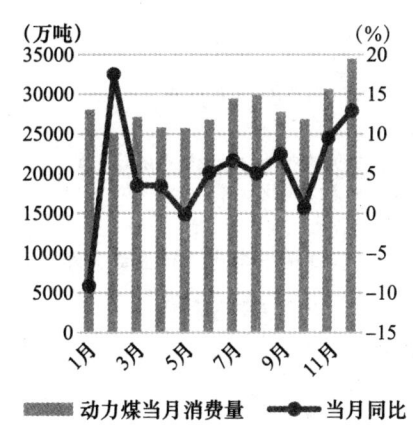

图2-16　2019年动力煤消费当月值及同比增速

具体行业来看，高载能行业耗煤量逐渐企稳是2019年煤炭需求保持增长的保障。电力仍然是最大用煤行业。2019年，电力行业动力煤消费约20.6亿吨，较2018年增长4.6%；建材行业动力煤消费约3亿吨，同比增长8.64%；冶金行业动力煤消耗约1.59亿吨，同比增长2.71%；供热行业耗煤约2.9亿吨，同比增长9.16%；化工行业耗煤约2亿吨，同比增长

11.97%；其他行业耗煤量约 3.6 亿吨，同比下降 1.77%。

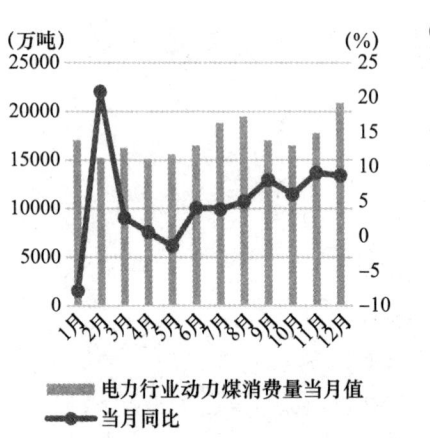

图 2-17　2019 年电力行业动力煤当月消耗量同比

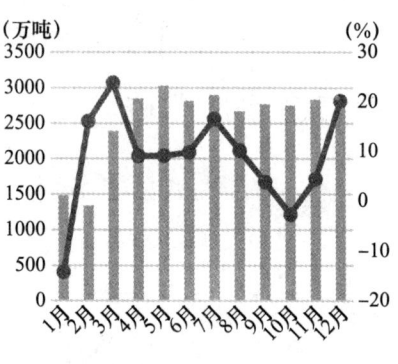

图 2-18　2019 年建材行业动力煤当月消耗量同比

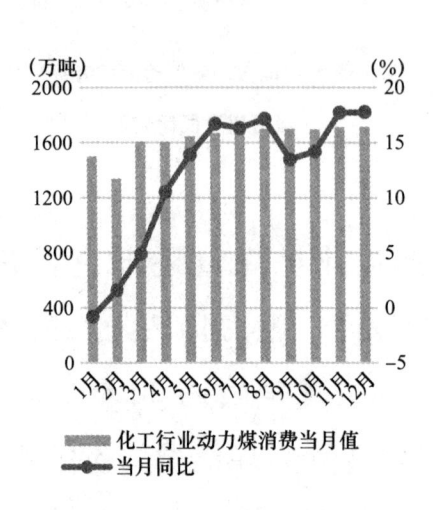

图 2-19　2019 年化工行业动力煤当月消耗量同比

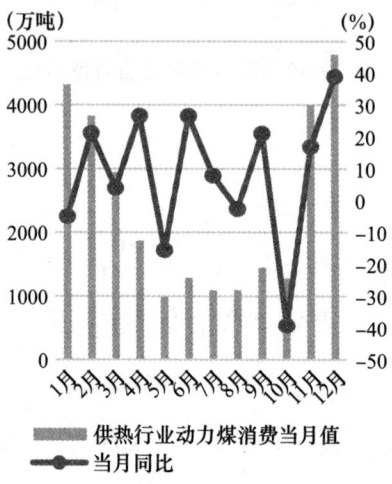

图 2-20　2019 年供热行业动力煤当月消耗量同比

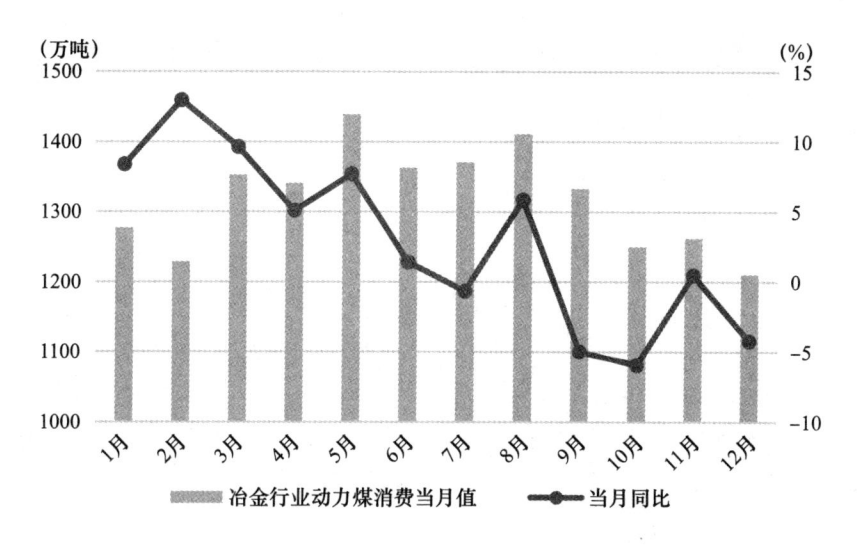

图 2-21　2019 年冶金行业动力煤当月消耗量同比

2. 原油消费同比增长基本平稳

2019 年原油表观消费量约 6.9 亿吨，较 2018 年增长 7.33%，增速比 2018 年同期上升 0.38 个百分点。由于经济下行压力以及大型民营炼化一体化项目陆续投产的叠加影响，2019 年成品油消费由中低速增长态势转为小幅负增长，国内成品油市场总体供过于求。2019 年成品油表观消费量 3.6 亿吨，较 2018 年下降 0.17%，增速较 2018 年同期下降 0.75 个百分点。其中汽油全年消费较 2018 年下降 1.4%，增速较 2018 年同期下降 4.46 个百分点；柴油全年消费比 2018 年下降约 6.7%，增速基本与 2018 年持平。

由于市场供求形势变化，与 2018 年相比，2019 年全国平均汽油、柴油批发价格指数总体呈波动式下降趋势。此外，由于炼厂持续降低柴汽比，2019 年 6—9

月，全国平均汽油批发价一度低于全国平均柴油批发价格，差额幅度最高近442元/吨。

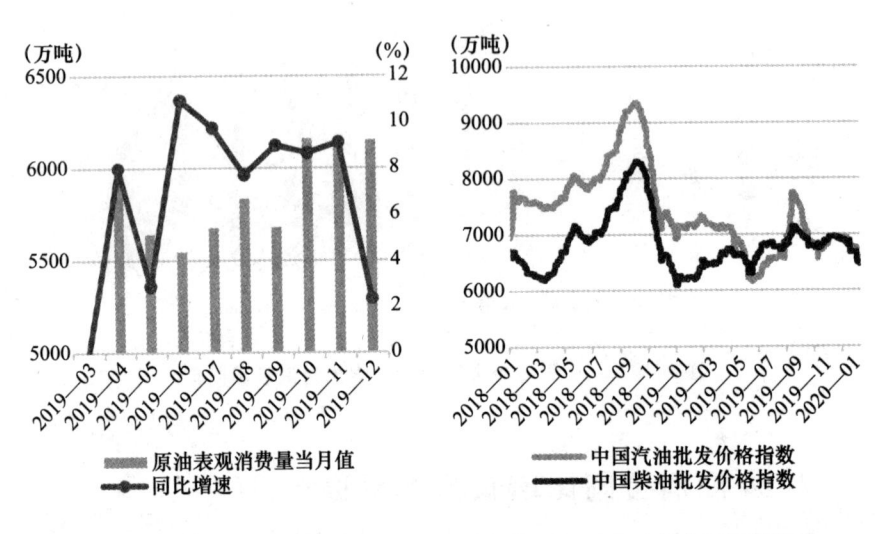

图 2-22　2019年原油表观消费量

图 2-23　2019年全国平均汽油、柴油批发价格趋势

3. 天然气消费由高速增长进入中速增长阶段

2019年天然气表观消费量3085.13亿立方米，较2018年增长8.9%，增速比2018年同期下降9.45个百分点。下半年天然气表观消费量累计1573.7亿立方米，累计同比增长7.67%，增速较2018年同期下降10.8个百分点。从全年情况来看，受到中美贸易摩擦升级、"煤改气"增量规模减小等因素影响，天然气消费同比增速较前两年有所放缓，除12月供暖季需求因素外，全年同比增速呈下降趋势。

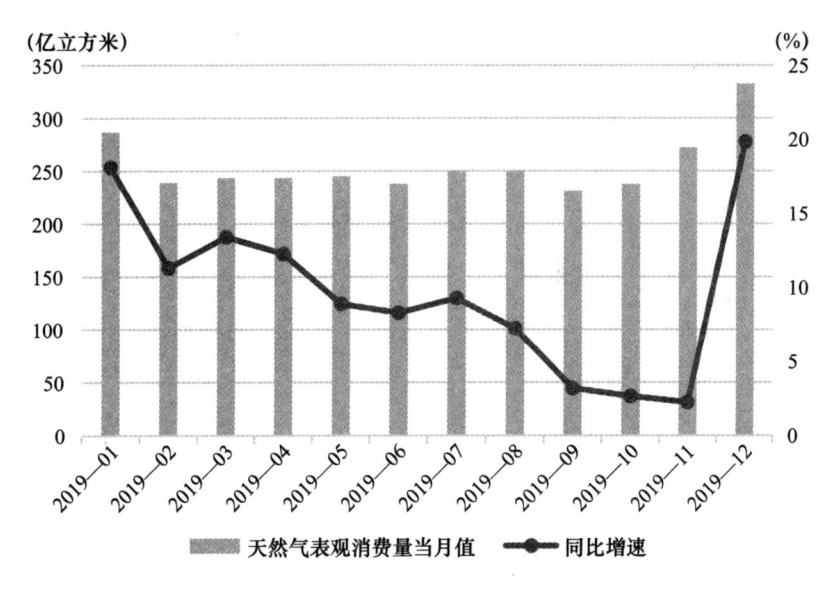

图 2-24　2019 年天然气表观消费量

4. 制造业用电增速下滑，导致全社会用电量增速有所放缓

供给侧结构性改革下，制造业设备和库存投资均处于收缩状态，房地产市场受到严格调控，2019 年全社会用电量增速放缓。全年用电量 72255 亿千瓦时，较 2018 年增长 5.6%，增速较 2018 年同期下降 2.95 个百分点。从全年用电特征来看，电力消费增长呈现"前高后低"的态势，下半年第四季度电力消费增速同比有所回升。

具体行业来看，第三产业和城乡居民生活用电量保持较快增长，对全社会用电量增长贡献率为 51%。其中，第三产业用电量 1.19 万亿千瓦时，比 2018 年增长 9.5%；城乡居民生活用电量 1.02 万亿千瓦时，

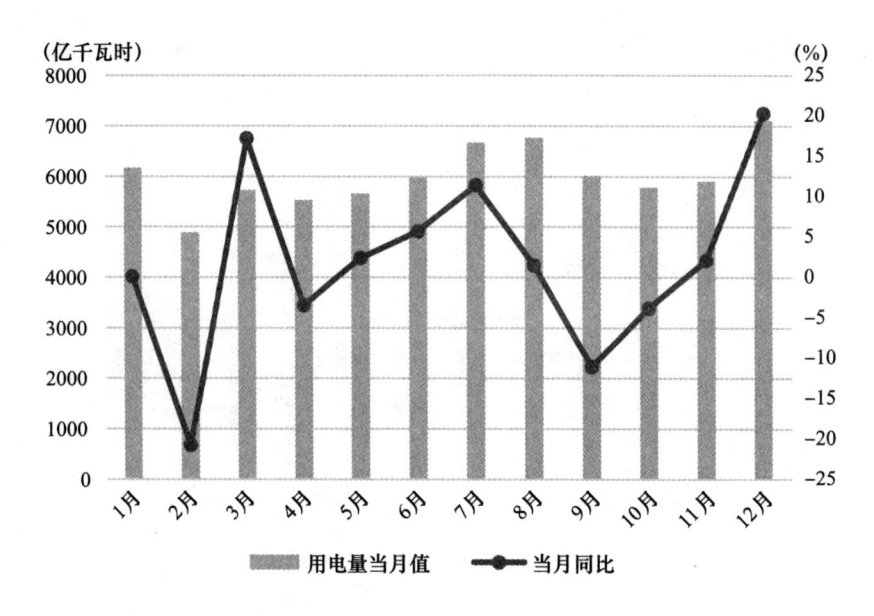

图 2-25　全社会用电量当月值及同比

比 2018 年增长 5.7%。

第二产业及其制造业用电量增速回落。2019 年，第二产业用电量 4.94 万亿千瓦时，比 2018 年增长 3.1%，增速较 2018 年下降 4.1 个百分点，第二产业用电量占全社会用电量的比重为 68.3%，比 2018 年降低 0.9 个百分点，第二产业用电量对全社会用电量增长的贡献率为 47.9%，拉动 2.1 个百分点。制造业用电量比 2018 年增长 2.9%，增速较上年同期回落 4.3 个百分点。

四大高载能行业用电量比 2018 年增长 2.0%，增速同比回落 4.1%，其中建材行业用电量增速为 5.3%，黑色金属行业用电量增速为 4.5%，化工行业用电量与 2018 年持平，有色行业用电量增速为 -0.5%；高技术及装备制造业用电量比 2018 年增长

4.2%，增速同比回落5.3%；消费品制造业用电量比2018年增长2.2%，增速同比回落3.3%；其他制造业用电量比2018年增长6.3%。

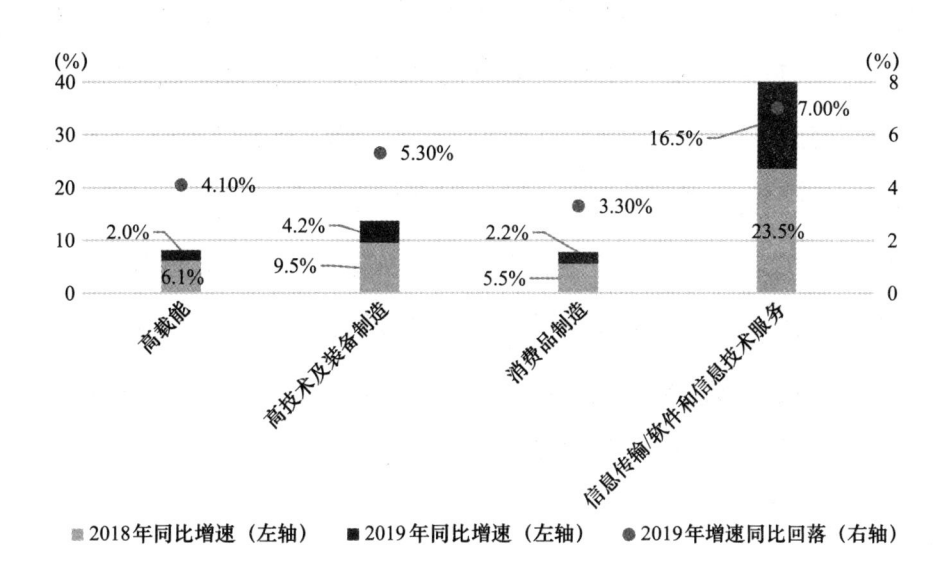

图2-26 2019年主要行业用电同比增速

（四）油气对外依存度持续攀高，能源安全需高度重视

近年来中国原油、天然气对外依存度持续增高。2019年11月，原油对外依存度达到74.42%，创历史新高；天然气对外依存度在2月达到45.2%，达到历史最高水平。中国油气对外依存度居高不下，意味着国内油气市场对国际市场的敏感度在不断提升，国际油气供需走势、价格变化对国内市场的影响将更加显

著，极端情况下甚至会影响能源供给安全形势。但是从能源转型趋势来看，伴随新能源技术的发展，传统以化石能源为基础的大规模生产、远距离运输的能源体系正逐步向新的能源体系过渡，在这个过程中，能源技术对能源安全的影响愈发重要，也将影响着新的世界能源格局的形成。从近几年中国光伏发电、风力发电、储能、新能源汽车，甚至氢能等行业的进展来看，未来以油气对外依存度作为能源安全指标的意义或将弱化。因此在高度关注传统能源安全形势的同时，还应该将能源技术作为能源安全的核心内容，重视能源体系转换中出现的新的安全问题。

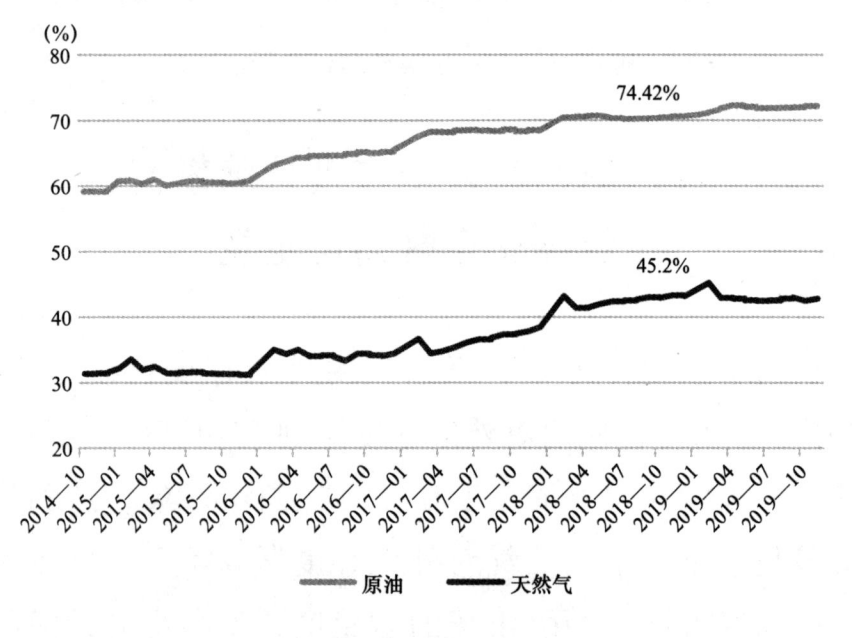

图 2-27 油气对外依存度

三 新冠肺炎疫情对能源发展的影响

2020年1月，新冠肺炎疫情突然暴发，对中国宏观经济和社会生活均产生重要的影响。自疫情暴发以来，短时间内中国电力、油气等能源行业已经受到比较明显的负向冲击。本部分首先总结全球曾经出现的疫情及其对经济社会发展的影响，然后分析新冠肺炎疫情对中国经济以及能源供需的影响。我们将本次疫情对经济社会的影响阶段分为短期、中期、后期。其中，短期是指疫情高峰期。在本次新冠肺炎疫情事件中，高峰期是指疫情暴发开始到累计确诊病例数出现拐点时期（截至2020年2月17日发稿时拐点并未到来）。中期，即疫情基本控制住的缓冲期。按照当前对病毒14天潜伏期的认知，恢复期可能是从确诊病例总数拐点到官方宣布疫情结束后的1个月。后期，即消除期，指疫情结束，恢复日常生产生活。

（一）全球主要疫情的历史经验总结与分析

疫情不仅会影响人类健康，还是阻碍社会发展的一大锐器，突发性大规模疫情会突然打乱经济体的健康有序发展，对正常的社会生产生活和经济发展产生巨大影响。疫情的突然暴发，会对国内经济产生负面影响，对各行业打击巨大。首先波及且影响巨大的行业集中在旅游、餐饮、娱乐、航空和零售业。

1. 非典型肺炎（SARS）

2003年中国暴发的"非典"（SARS）疫情，自2002年11月中旬在中国广东暴发，之后扩散到全国其他地区。据WTO统计，SARS病例中25岁以下的致亡率低于1%，25—65岁致亡率在5%左右，65岁以上致亡率则有50%以上。在一系列应对措施作用下，2003年6月中旬疫情得以控制，前后历时约7个月。

从短期看，SARS疫情对国内经济产生负面影响，但下行幅度较为有限，如图3-1所示，影响集中在2003年二季度，主要集中在旅游、餐饮、运输等行业。张文斗等指出，运输业中受影响最大的是航空业，累计班次同比下降61.1%，北京SARS疫情高峰期时民航班次更是降低了75.1%。①但从长期看，由于疫情控制、灾后重建工作和经济恢复工作及时而迅速，2003年实际GDP增速并没有下降，而是较2002年增加了0.9个百分点。SARS发生时，中国正处于计划经济向市场经济转轨的过程中，疫情加快了对现有制度的改革，从长期看，SARS对中国体制机制改革有一定的正面影响。从影响的地域看，SARS病例涉及中国大部分省份，其中广东和北京是疫情影响最大的两个地区。2003年的广东，是中国制造业的中心，也是产值最高的地区，疫情暴发使得工厂不能正常开工，严重影响中国经济。作为中国的首都及政治中心，北京地区的疫情暴发不仅影响了经济发展，还给国际投资者带来中国环境不安全的印象。受SARS影响，原定在中国举行的国际会议纷纷取消，大大影响了中国在国际上刚确立的大国形象，截至2003年5月20日，共有124个国家对来自中国的旅行团或参加国际会议的代表团以及个人采取限制措施。②

综上所述，SARS疫情期间，各行业特别是旅游、餐饮、娱乐、航空和零售业，经历了短暂的负向冲击后迅速恢复正常运行，短期冲击较大，长期影响并不

---

① 张文斗等：《突发大规模疫情对经济的影响分析》，《军事医学》2014年第2期。
② 李正全：《SARS影响国民经济的短期与长期分析》，《经济科学》2003年第3期。

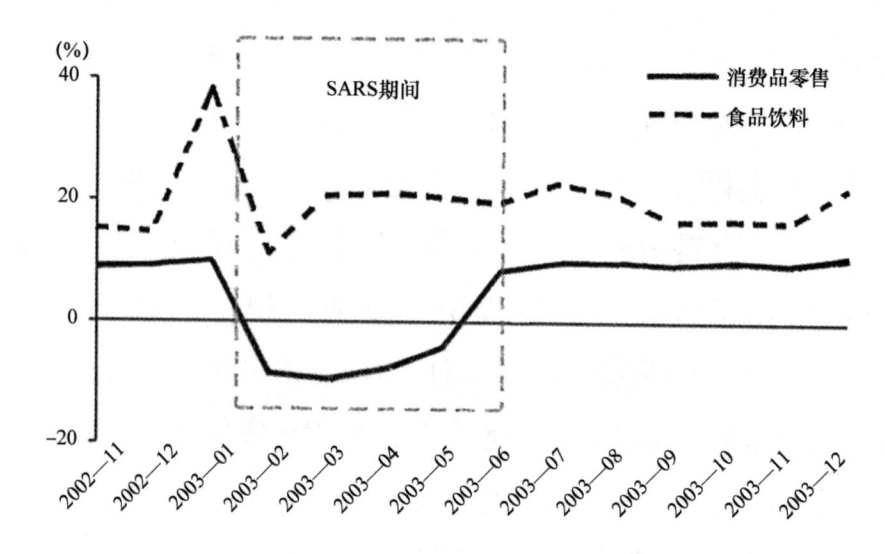

图 3-1（a） 2003 年社会消费品零售业情况

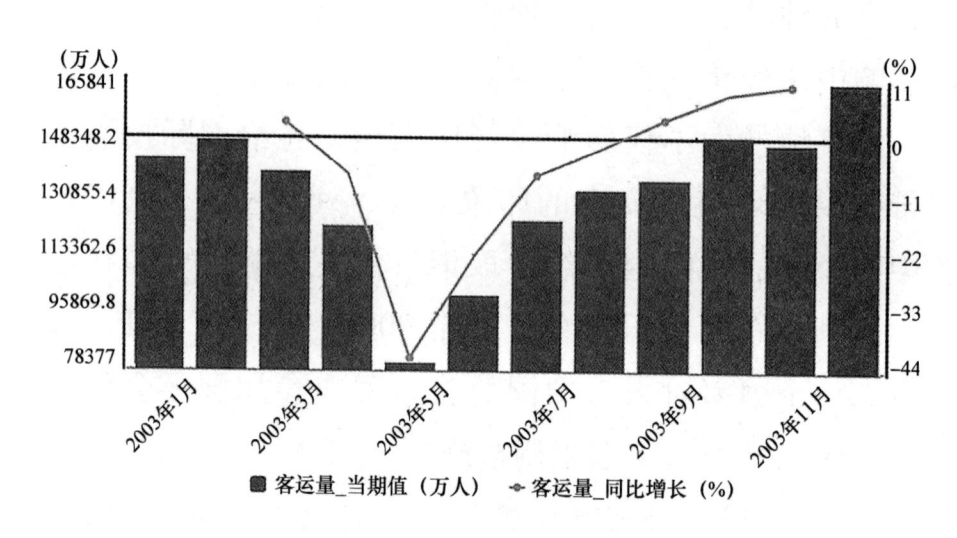

图 3-1（b） 2003 年客运情况

明显。与 SARS 疫情相比，预计新冠肺炎疫情对行业及经济的负向冲击将更加显著，或将呈现长期影响效应，见图 3-2，主要体现在三个方面：一是覆盖面广，2003 年中国常住人口城镇化率仅为 40.53%，而

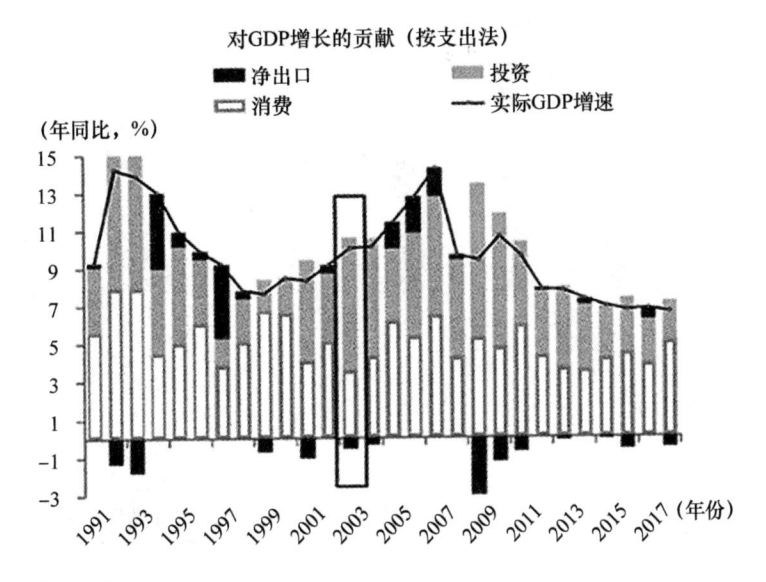

图 3-1（c） 消费、投资、净出口对 GDP 增长的贡献

数据来源：中国统计年鉴（2003，2004）。

当前中国常住人口城镇化比例已接近60%，大多数经济发达城市已超过70%，新冠肺炎疫情的影响覆盖人群更广；二是第三产业特别是服务业首先受到严重负向冲击，2003年中国第三产业占比为42%，而当前第三产业占比为53.3%；三是新冠肺炎疫情或将加速国际产业链向外迁移，经济增速将进一步下滑，国民经济将面临严峻的挑战。2003年中国逐步进入了以工业化为导向且经济增速逐年攀升的经济发展阶段，国民经济总体向好的趋势不变，而当前中国正处于新旧动能转换最艰难的时期，经济增速逐步放缓，经济下行压力极大。

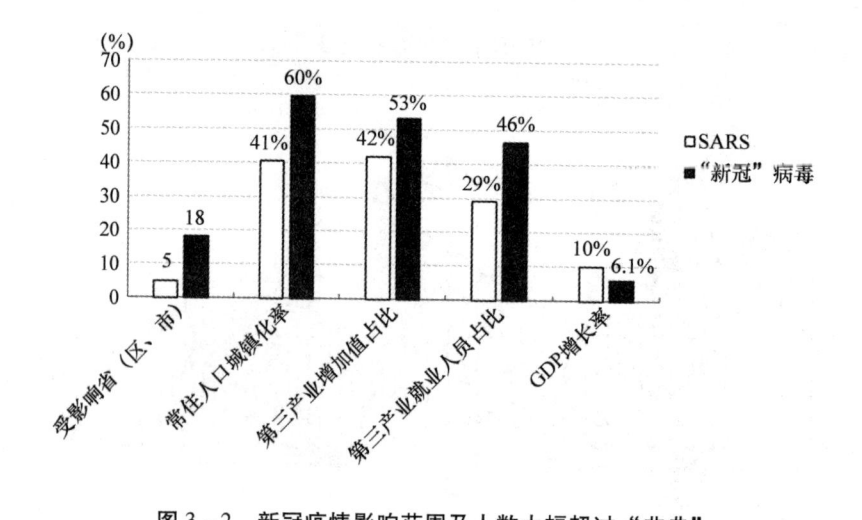

图 3-2 新冠疫情影响范围及人数大幅超过"非典"

数据来源：WHO、中国国家卫生健康委、中经网数据库。

注：受影响省（区、市）为累计确诊病例超过 200 例的省（区、市），SARS 影响省（区、市）包括北京、广东、山西、内蒙古、河北（截至 2003 年 7 月 4 日 10：00），"新冠"病毒影响省（区、市）包括湖北、广东、河南、浙江、湖南、安徽、江西、山东、江苏、重庆、四川、黑龙江、北京、上海、河北、福建、广西、陕西（截至 2020 年 2 月 29 日 12：02）。

2. 中东呼吸综合征（MERS）

中东呼吸综合征（MERS）最早于 2012 年 9 月在沙特阿拉伯被发现，流行于中东地区，并在随后数年持续传播，于 2014 年暴发。2015 年 5 月 20 日韩国确诊第一例 MERS 患者后，MERS 疫情在韩国迅速扩散，感染人数迅速增长，成为世界第二大 MERS 发病国。至今，全国共有 27 个国家和地区发现中东呼吸综合征疫情，全球累计报告 2468 例确诊病例，其中 851 例死亡。[①]

---

① 参见"海关总署公告 2019 年第 163 号"（关于防止中东呼吸综合征疫情传入中国的公告），http：//tianjin.customs.gov.cn/customs/302249/2480148/2653234/index.html。

其传染途径主要为人与人近距离接触传染,致亡率近30%。

从MERS疫情的影响看,最初影响的国家沙特阿拉伯,自2012年疫情开启后,GDP增速和消费持续下滑到2013年一季度才见底,2013年GDP增长速度创新低,为2.7%。同时,沙特阿拉伯旅游业因疫情受到重创,为了防止疫情的进一步扩散,沙特采取相关旅游限制措施,旅游业平均每年损失近50亿美元。与此同时,国际油价受到影响,加之美伊冲突升级,导致2014年下半年国际油价持续低迷。

在韩国,2015年疫情的短暂暴发,同样对经济造成一定的负向影响,表现在2015年第二季度,韩国的GDP环比增长率仅为0.23%,但随着同年7月疫情得到有效控制,韩国经济增长逐渐向好。疫情对韩国各行业带来了不可小觑的冲击,主要集中在服务业,其中韩国旅游业受到的影响最大且持续时间最长,与2014年同期相比,国际游客数量下降了41%,韩国政府直接损失达100亿美元。韩国政府为挽回损失,在接下来的几年里开展了耗资巨大的旅游宣传活动,以刺激旅游业发展。除此之外,受MERS疫情影响,韩国食品住宿业产量较2014年下降了10%,娱乐休闲(-8.6%)、出版通信(-6.3%)、运输仓储(-2.4%)、批发零售(-1.6%)、电力空调

(-0.9%)等行业也受到不同程度的影响。

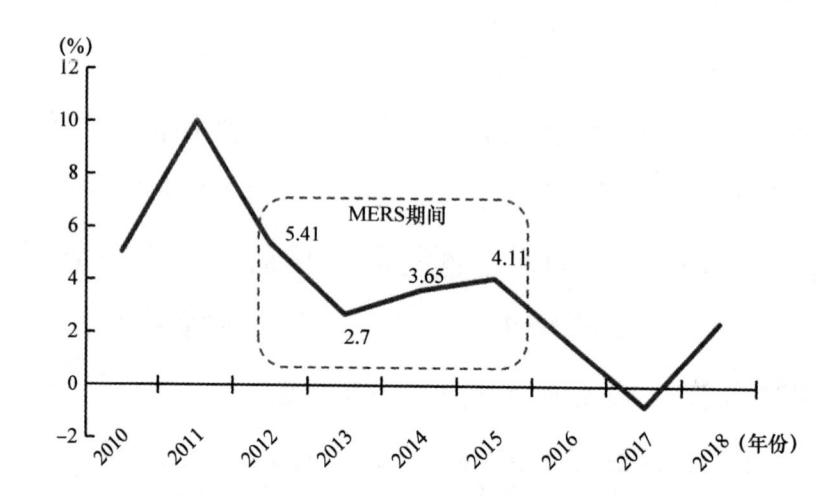

图 3-3 沙特阿拉伯 GDP 年增长率

数据来源：世界银行 WDI 指标数据库。

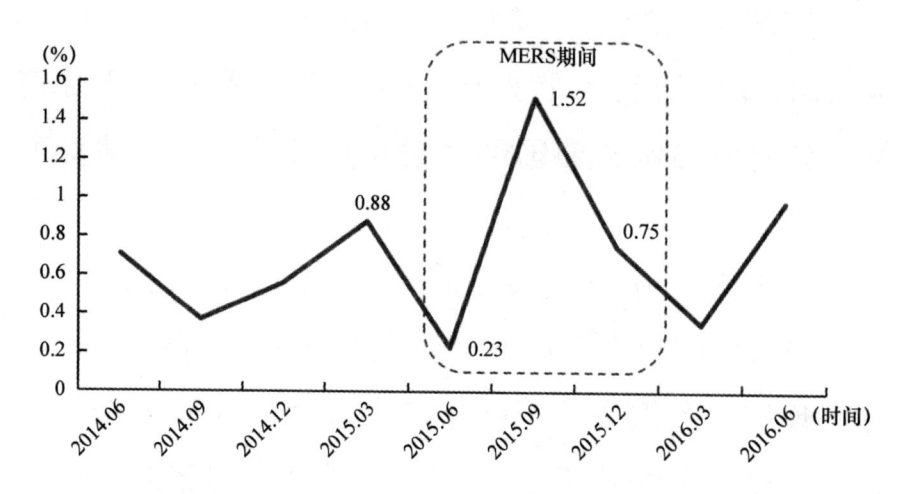

图 3-4 韩国 MERS 疫情期间 GDP 季度环比增长速度

数据来源：中经网数据库。

3. 埃博拉病毒（Ebola Virus）

2014 年暴发的西非埃博拉病毒（Ebola Virus）疫

情，主要症状表现为发热、出血、多发性器官功能衰竭，患者病死率可达50%以上，直到2018年7月西非埃博拉病毒疫情才得以解除，陆续持续了近4年时间。持续的疫情主要影响了几内亚、利比里亚和塞拉利昂三个国家，共导致超过11300人失去生命，引发的经济损失高达320亿美元。

与SARS不同的是，受埃博拉病毒肆虐影响的国家更多，涉及西非大部分国家，且时间跨度较大，集中在2014—2016年，主要影响集中在第一产业的农业生产方面和第三产业的运输、旅游等行业。主要表现在：受疫情影响最大的三国（几内亚、利比里亚和塞拉利昂）因埃博拉肆虐导致劳动力短缺，面临粮食短缺及价格暴涨的人道危机，大量棕榈油业和橡胶种植业公司停止生产和出口业务，其中利比里亚农业增加值于疫情暴发的2016年骤降至七年来最低点，且持续低迷至今；服务业遭受重创，利比里亚服务业占GDP比重近40%，疫情使经济和商业活动远低于常年，多家航空公司停飞利航线，周边邻国宣布旅行禁令，相关税收下降40%—60%。同时，刘鸿武[1]还指出，此次疫情的三个重灾区国家均处于世界最不发达国家行列，共同特点是国家政治腐败、政府虚弱无力、民族问题

---

[1] 刘鸿武、宁彧：《埃博拉疫情与非洲国家困境的再思考——人、文化与国家的安全与发展》，《学术探索》2015年第12期。

与社会问题突出。疫情暴发前期，几内亚、利比里亚、塞拉利昂刚从军事、政治危机中开始恢复。因此，国内各项设施不足以应对疫情，无论从短期还是长期看，埃博拉的暴发对社会都造成了更严重的影响。疫情严重打击了这些国家近年来的经济增长形势，长期看，同样打击了整个非洲经济。

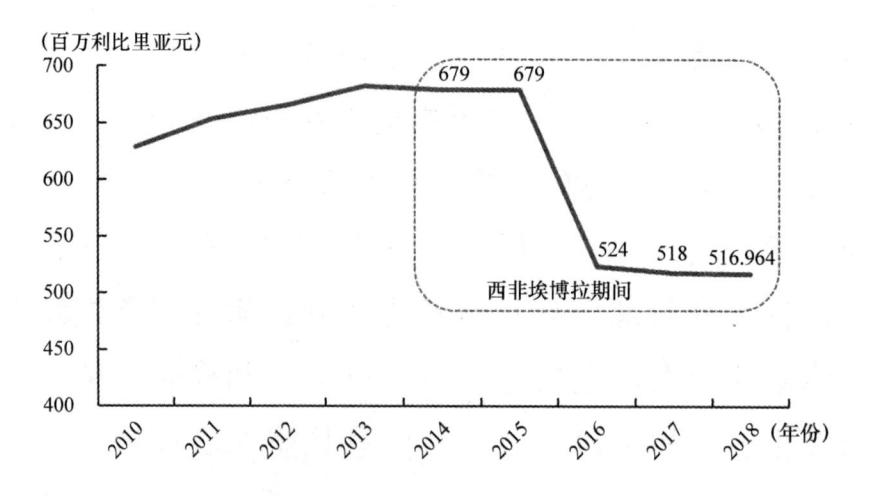

图 3-5 利比里亚农业增加值变化

数据来源：世界银行 WDI 指标数据库。

4. 疫情对能源经济影响的规律总结

纵观 20 世纪 90 年代至今的油价变动趋势（图 3-6），相比于 SARS 和 MERS，埃博拉病毒传染率最强，致死率最高，对油价及经济的影响最为明显，且存在长期效应。由于 SARS 在短期内得到了有效的控制，其对油价的影响主要表现在终端消费方面，为防止疫情的进一步扩散，人们纷纷减少出行，国内外交通受到管制，交通运输行业大幅度萎缩，航空燃料、汽油、柴油等成品油需求断崖式减少，导致国际油价下跌。但随着疫情的缓解，从长期来看成品油需求恢复后国际油价将反弹上升。与 SARS 不同的是，MERS 由于覆盖时间长、感染人数少，长期来看，MERS 对油价的影响并不明显。而埃博拉病毒比前两者更为"凶猛"，传染率最强，致死率最高，且覆盖时间更长，在埃博拉病毒暴发期间，疫情国采取与 SARS 同样控制人流出行的措施，影响原油市场的终端消费和区域运输。在石油产业链中，民航业受到埃博拉疫情及连带效应冲击最猛烈，由于埃博拉病毒最早在非洲地区暴发，民航航班几乎是唯一可能将埃博拉病毒扩散到世界其他地区的传播渠道，各国纷纷采取检疫强化措施，降低搭乘民航航班出行的频率，此举对往返疫区的民航航班构成巨大冲击，连带导致石油需求降低，油价下降，并表现为长期影响。

从能源需求端来看，疫情通过影响消费、交通、外贸和投资主体行为来限制能源行业总需求。从 2003 年中国暴发的 SARS 疫情看，为了控制疫情的蔓延，消费者为减少传染而减少出行，影响了公共汽车、出租车、飞机、火车的使用率，成品油的消费量因此下降。除中国外，未有 SARS 疫情出现的国家，为减少疫情的传播而减少对华乙烯、合成树脂等大宗货物的

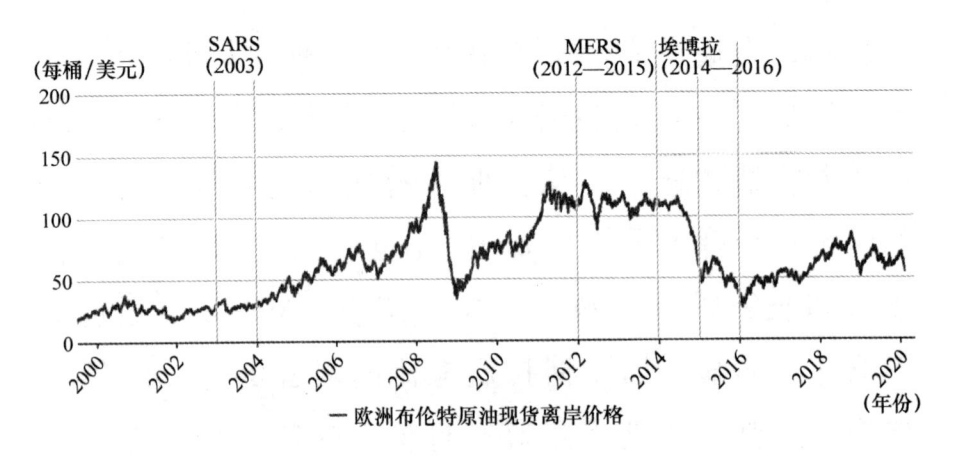

图 3-6　三次重要疫情暴发与油价走势关系

数据来源：EIA。

进口，石油和化学工业受多数产品供需影响而缺口扩大。[①] 2014—2016 年暴发的埃博拉病毒同样对社会造成了严重影响，在埃博拉病毒肆虐期间，尼日利亚受疫情影响，经济受到巨大冲击，疫情导致产业之间的运输中断，某些国家（例如墨西哥和其他发达国家）完全停止接受尼日利亚的船只，严重影响外贸需求。而从沙特阿拉伯暴发的 MERS 疫情对油价的影响来看，由于 MERS 疫情持续时间长，但感染人数少，且未出现大规模扩散，其对油价消费需求的影响逐渐钝化，油价也将逐步回到正常水平。

从能源供给端来看，疫情会在一定时间内造成部分企业停工、停产，其中涉及能源开采、加工、供应

---

① 李国洪：《SARS 对石油和化学工业的影响》，《化工技术经济》2003 年第 7 期。

等行业。埃博拉疫情暴发期间,尼日利亚许多第三方公司的钻井项目被取消,作为占尼日利亚总收入 2/3 以上的石油天然气出口业务被迫叫停,尼日利亚经济严重受阻,而 MERS、SARS 疫情对能源供给的影响甚微。MERS 疫情期间,沙特的能源供给主要受国际油价和地缘政治影响,而 SARS 影响下的中国部分能源企业,如石油和化学工业企业多数在城郊或偏远地区,疫情暴发期间的国际原油价格回落大约持续了一个半月,国内原油供应无明显减少,消费、出口需求增势的明显减弱,抑制了石油产品生产的增长,但总体影响可忽略不计。[①]

结合历史经验,总结疫情对能源经济的影响特征有以下几点。

(1)疫情导致国际油价下跌,下降幅度与致亡率及传染率呈正相关。

疫情对原油市场的影响主要集中在石油产业链的消费终端以及区域运输,且主要通过石油运输产业链对成品油需求产生影响,从而导致油价下跌。但对油价的影响时间长短主要取决于疫情的流行病学特征,以及疫情的扩散程度。就 SARS 而言,其传染率高,感染人数多,致亡率低于 MERS,对油价的影响集中

---

① 参见张效廉《SARS 风暴中的中国经济》,中国经济出版社 2003 年版。

在短期；而MERS虽然覆盖时间长，但传染率低于SARS，感染人数少，对油价的影响也呈现短期效应；而传染率最强、致死率最高的埃博拉疫情导致国际油价长期持续下降，直到疫情结束，油价才有所回温。

（2）疫情重点波及服务业、交通业、农业，冲击程度受国家产业结构影响。

疫情会对疫区的宏观经济以及国民经济各行业产生负向冲击，影响主要集中于服务业、交通业以及农业，影响程度取决于这些行业在疫区产业结构中所占比重。如MERS疫情期间，对沙特阿拉伯和韩国两个疫区的影响主要集中在服务业。"非典"主要对中国的第三产业产生影响，但由于当时中国第三产业在国民收入中占比较小，"非典"过后中国经济得到迅速恢复。而埃博拉病毒肆虐非洲期间，由于疫情暴发的非洲国家产业较为单一，且受疫情影响的均为国内支柱产业（主要集中在农业与服务业），因此疫情对非洲经济造成了持续性的重创。

（3）疫情对能源供需的影响通常为间接短期效应，但存在长期效应风险。

疫情对能源供需造成的冲击一般是间接的，作用机制表现为疫情通过影响以能源为生产原材料的产业以及以能源作为燃料的产业（如交通运输等），这些产业的供需对能源供需造成直接的影响。在疫情暴发期间，由于控制疫情的需要，企业的生产会受到停工的影响，企业产量必然下降，因此间接的对能源的需求也会减少。同时由于交通管制的存在，交通运输流量较平时会有较大的下降，燃料的需求也会减少。但值得注意的是，如果疫情持续时间6个月或更长时间，且在致亡率、传染率均较高的情况下，疫情对能源供需造成的冲击将转换为直接的、长期的。

综上所述，疫情对宏观经济以及能源供需影响的大小不能一概而论，但从历史经验看，疫情对经济产生负冲击，冲击的大小主要取决于疫情的致亡率、传染率以及疫情国家的产业结构特征。由于新冠肺炎疫情的高传染率、致亡率仍不明确、重症救治难度大等流行病学特征，叠加当前中国第三产业结构占比及就业人数远超SARS时期，"新冠"的影响预期将大幅超过"非典"，随着疫情向世界各国的快速扩散，此次疫情对全球经济以及能源市场的影响或将显现长期效应。

（二）新冠肺炎疫情对GDP、就业及汇率的冲击

1. 分析方法与情景假设

鉴于新冠肺炎疫情会对宏观经济系统不同主体的行为产生交叉性影响，我们以2017年全国投入产出表

为主要数据来源，构建了包括农业、采掘业、制造业、公用事业、建筑业、批发和零售业、运输仓储业、住宿餐饮业、金融业、房地产业、卫生服务业、娱乐业、其他服务业共 13 个行业在内的可计算一般均衡（CGE）模型，通过 GEMPACK 软件平台来测算疫情的经济影响。

基于可计算一般均衡模型的测算，需要设定具体的分析情景。在时间上，我们做以下设定。情景 1：在 2 月底前打赢疫情防控阻击战，全国生产生活恢复到正常状态；情景 2：在 3 月底前打赢疫情防控阻击战；情景 3：在 6 月底前打赢疫情防控阻击战。

在不同情景下测算疫情的经济影响，要给出疫情影响经济的直接变量及其变化程度。理论上，流行病影响经济增长的渠道主要有 5 个：一是消费需求下降；二是若疫情演变为全球突发性公共卫生紧急事件，会出现出口受挫；三是在居民工资收入减少的同时，居民和政府在医疗卫生上的支出增加，从而通过储蓄变化影响资本积累；四是过早死亡或活动受限造成劳动力数量减少、劳动生产率降低；五是通过生育决策影响人口年龄结构。目前看，因新冠肺炎导致的死亡病例并不多，因此，在测算疫情带来的经济损失时，我们不考虑劳动力数量和质量、生育决策的变化，主要从以下 3 个方面入手设计情景。

（1）需求下降。Lee & McKibbin 等研究发现，2003 年 SARS 疫情导致中国服务业消费需求下降 15%。① 假如到 6 月底才能够控制此次疫情（情景 3），则从持续时间和波及面上，这次疫情要比 2003 年 SARS 疫情严重，考虑到现在网购等消费业态更成熟，所以，假定在这种最保守的情景中，服务业消费需求受到的影响与 SARS 疫情相同，即下降 15%。由于疫情持续时间越长，居民消费信心受损程度越大，消费需求损失也会随之递增。于是，在 3 月底基本控制疫情的情景 2 中，假定服务业消费需求损失减少 5%；在 2 月底基本控制疫情的情景 1 中，假定服务业消费需求减少 3%。

（2）出口受挫。新冠肺炎疫情被认定为全球突发性公共卫生紧急事件后，中国的出口产品会面临额外的检疫，这使得出口成本增加、效率降低，从而导致出口下滑。同时，疫情期间服务贸易也会受到明显影响。从 2009 年墨西哥、美国等地暴发的甲型 H1N1 流感对出口的影响看，根据联合国贸发会议的统计数据，2009 年墨西哥的商品和服务出口额同比下降 20.89%。在保守的情景 3 中，假定中国此次疫情防控在 6 月底

---

① Lee, Jong-hua, and W. J. Mckibbin, "Globalization and Disease: The Case of SARS", *Asian Economic Papers*, MIT Press, 2004, Vol. 3 (1), pp. 113 – 131.

结束，出口额同比下降9%。在情景2和情景1中，假定出口分别同比下降4%、2%。

（3）政府医疗卫生支出增加。截至2020年2月3日零时，各级财政累计下达疫情防控补助资金470亿元。假定在情景1、情景2、情景3中，各级财政下达的疫情防控补助资金使政府的医疗卫生支出分别为800亿元、1000亿元、1600亿元。

具体情景设定如表3-1所示：

表3-1　　运用CGE模型进行测算时用到的情景设定

测算情景	具体设定
情景1：2月底前打赢疫情防控阻击战	服务业消费需求减少3%，出口下降2%，各级财政支出的疫情防控资金为800亿元
情景2：3月底前打赢疫情防控阻击战	服务业消费需求减少5%，出口下降4%，各级财政支出的疫情防控资金为1000亿元
情景3：6月底前打赢疫情防控阻击战	服务业消费需求减少15%，出口下降9%，各级财政支出的疫情防控资金为1600亿元

2. 疫情对宏观经济的影响

表3-2报告了在不同情景下，新冠肺炎疫情对主要宏观经济指标的影响。

第一，从疫情造成的GDP损失看，在2月底前、3月底前、6月底前结束疫情防控阻击战的GDP损失分别是3559亿元、6499亿元、17837亿元，对应的GDP下降幅度为0.3%、0.54%、1.5%。控制疫情的时间从2月底延长至3月底，就要多承担近3000亿元的GDP损失；若延长至6月底，GDP损失会增加1.4万多亿元。因此，必须坚决在最短时间内打赢疫情防控阻击战。

第二，在驱动GDP增长的"三驾马车"中，消费受到的影响最大，投资次之，净出口第三。在情景1、情景2、情景3中，消费分别减少3292亿元、5782亿元、16905亿元，占对应情景下GDP损失的93%、89%、95%；投资分别下降215亿元、612亿元、699亿元，占对应情景下GDP损失的6%、9.4%、3.9%；净出口分别降低52亿元、105亿元、233亿元，占对应情景下GDP损失的1%、1.6%、1.1%。由此可见，应当把"促消费"作为应对疫情冲击的重点工作来抓。

第三，如果疫情持续时间变长，就业岗位将会加速流失，失业问题会变得很严重。在2月底前打赢疫情防控阻击战，全国流失的就业岗位为124万个；但若到6月底前才控制疫情，则会流失744万个就业岗位，足足是前者的6倍。在2019年全国城镇新增就业1352万人的条件下，疫情防控阻击战若要拖至6月底才能赢得决定性胜利，那将会造成巨大的失业压力。所以，"稳就业"是应对疫情冲击的重中之重。

第四，在2月底或3月底打赢防控阻击战，疫情对CPI的影响都比较小，但若要到6月底才控制住疫情,CPI将会承受一定的压力。在情景1、情景2中,CPI会因为疫情分别额外上涨0.1%、0.2%。但在情景3中,疫情会使CPI额外上涨0.47%。因此,需要密切关注疫情期间物价变化趋势,采取周密措施稳定物价,为必要时实施其他宏观经济政策提供足够的腾挪空间。

表3-2 不同情景下疫情对主要宏观经济指标的影响

	情景1		情景2		情景3	
GDP	-0.3%	-3559亿元	-0.54%	-6499亿元	-1.5%	-17837亿元
消费	-0.74%	-3292亿元	-1.3%	-5782亿元	-3.8%	-16905亿元
投资	-0.03%	-215亿元	-0.08%	-612亿元	-0.09%	-699亿元
净出口	-0.4%	-52亿元	-0.83%	-105亿元	-1.83%	-233亿元
就业岗位	-0.16%	-124万个	-0.26	-201万个	-0.96%	-744万个
CPI	0.1%	—	0.2%	—	0.47%	—

3. 疫情对不同行业的影响

表3-3分别报告在不同情景下疫情对13个行业的增加值的影响。从中可以看到:在3个不同情景中,受影响最大的前5个行业基本没有变化,依次为娱乐业、住宿和餐饮业、房地产业、金融业、运输仓储业。

在2月底前打赢疫情防控阻击战的情景1中,受影响最大的5个行业的年度增加值下降比重分别为,娱乐业-1.96%、住宿餐饮业-1.51%、房地产业-0.81%、金融业-0.76%、运输仓储业-0.65%。

在 3 月底前打赢疫情防控阻击战的情景 2 中,受影响最大的 5 个行业的年度增加值下降比重分别为,娱乐业 -3.25%、住宿餐饮业 -2.5%、房地产业 -1.52%、金融业 -1.21%、运输仓储业 -1.09%;

在 6 月底前打赢疫情防控阻击战的情景 3 中,受影响最大的 5 个行业的年度增加值下降比重分别为,娱乐业 -9.97%、住宿餐饮业 -7.67%、房地产业 -3.98%、运输仓储业 -3.42%、批发和零售业 -3.22%。

由于娱乐业、住宿餐饮业、运输仓储业是劳动力密集型行业,它们受影响大,就业岗位流失带来的压力就大。而房地产业、金融业具有影响面广、风险性强的特点,一旦出现全行业下滑,就会对经济运行产生显著负面影响。因此,要把防范金融风险作为应对疫情冲击的重要工作,特别是湖北省要坚决守住不发生区域性金融风险的底线。

表 3-3　　　不同情景下疫情对 13 个行业的增加值的影响　　　(单位:%)

行业	情景 1	情景 2	情景 3
农业	-0.03	-0.02	-0.58
采掘业	0.18	0.36	-0.11
制造业	0.03	0.07	-0.39
公用事业	-0.13	-0.21	-0.78

续表

行业	情景1	情景2	情景3
建筑业	0.01	-0.03	0.11
批发和零售业	-0.62	-1.07	-3.22
运输仓储业	-0.65	-1.09	-3.42
住宿餐饮业	-1.51	-2.50	-7.67
金融业	-0.76	-1.21	-3.19
房地产业	-0.81	-1.52	-3.98
卫生服务业	1.87	2.29	3.42
娱乐业	-1.96	-3.25	-9.97
其他服务业	-0.45	-0.70	-1.84

（三）新冠肺炎疫情对能源消费的影响

1. 短期：春节假期与疫情高峰期迭加，用能需求在短期内形成较大幅度回落

新冠肺炎疫情暴发期处在传统春节期间。根据往年数据，春节期间全社会用电量环比下降通常在20%左右，其中工业用能下降贡献率占到9成左右。如，2019年2月受春节因素影响，全社会用电环比下降20.75%，其中19个百分点来自于第二产业用电下降，2个百分点来自第三产业用电下降，城乡居民用电上升会向上拉动0.5个百分点。

从目前疫情进展来看，每日新增确诊病例总数已处于下降趋势，但是累计确诊病例、现有确诊病例（累计确诊数－累计治愈病例数－累计死亡病例数）

还处在增长阶段。这一阶段，抗击疫情仍然必须全线严防，全力死守，人员流动仍将受到严格控制，城市基本功能恢复缓慢。根据国金证券提供的数据，截至2019年2月14日，北上广深四个最核心城市的基本功能率（人口恢复率、交通恢复率、基本生活恢复率）指标仅在15%—30%。由于部分企业复工，制造业会有一定程度的恢复，但考虑到目前已有复工城市出现了因复工产生的集聚性感染的案例。因此，在疫情高峰期制造业完全恢复正常产能难度较大。第三产业尤其是交通运输、住宿餐饮等行业，受到冲击较大，环比下降幅度将有所加大，并进一步拉低全社会用电量，全社会用电量环比下降幅度应该超过20%。

根据往年的经验数据，春节假期结束，各行业企业恢复生产，第二产业、第三产业用电很快恢复正常水平。此次疫情突发导致企业复工率同比大幅度下降。六大发电集团日均煤耗是反映企业复工率的参考指标，往年这一指标在春节前后都是负增长，且大致呈现正U型变化趋势，但由负转正的时点在假期结束后很快出现。由于疫情突发导致的大部分工业企业复工延迟（根据国家信息中心统计数据，截至2月12日，全国人员返岗率26.02%，不到三成，且多集中在快递、餐饮等低载能第三产业），2020年春节假期结束后，六大发电集团日均煤耗同比仍然负增长，且暂未出现拐点。截至2月17日，六大发电集团日均煤耗[①]38.8万吨，是2019年同期（正月二十四）的57%左右。

值得关注的是，广东等疫情相对不严重的经济大省，企业复工复产率提升较快。根据电力部门监测数据，截至2月14日广东已有超过60%的企业复工复产，这一反弹态势也得到了粤电日均煤耗量数据[②]的印证（如图3-8）。此外，长三角经济大省浙江省复工复产率也在缓慢提升，根据国网浙江电力公司开发的企业复工电力指数监测，截至2月14日，浙江省企业复工电力指数已从2月8日的23.56提升至27.55。尽管工业复工率相对较低，仅为14.44，不过金融、信息等服务业复工率明显提升。如，金融业复工电力指数为67.35，信息传输软件和信息技术服务业复工电力指数为66.54，房地产行业复工电力指数为63.36。

综上，可以判断，在疫情拐点暂未到来的条件下，短期内用能需求低谷将比往年更低，环比下降幅度在23%—25%。随着疫情情况相对不严重的沿海省份工业企业陆续复工复产，用能需求已经探底回升，但是在疫情防控政策持续影响下，用能需求不会像往年大幅度反弹，更大可能会平稳低速增长一段时期，直到疫情高峰期结束。

---

① 该指数是目前判断工业生产形势强弱与否的参考指标。
② wind公布的数据中，粤电集团数据涵盖全省发电厂。

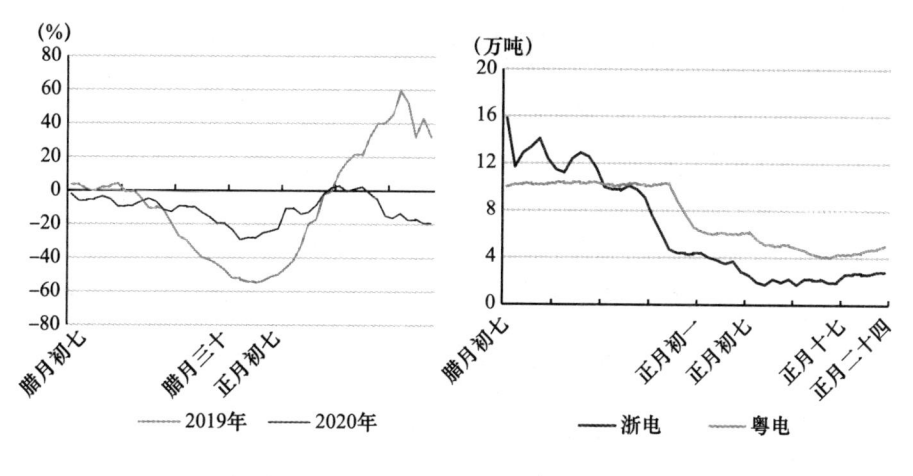

图 3-7 六大发电集团日均煤耗同比　　图 3-8 浙电、粤电日均煤耗

2. 中期：缓冲期内用能需求逐步回暖，工业用能率先反弹

中期即缓冲期，疫情基本控制住，累计确诊病例总数拐点到疫情结束点。这一时期是行业用能需求的缓冲期。大部分企业陆续正常复工，人员流动将逐步放开，企业复工复产率总体会有较大幅度提升，特别是工业企业复工复产率将提升，会极大拉动能源需求增长。由于行业差异，缓冲期内受疫情影响的行业用能特征将会出现差异。受疫情冲击较重的中小企业能否尽快恢复常态，很大程度取决于市场行情的恢复情况以及政府支持政策的力度。

以 2003 年"非典"疫情为例，在高峰期结束后的恢复期，受疫情影响的行业用能消费出现分化。一是建筑业以及交通运输、仓储、邮电通信、休闲旅游等服务行业用能消费有较大幅度下降。如 2003 年 4 月，建筑业、商贸、科教文卫政府机关事业用电分别下降 9.9%、6%、5%，而且反弹乏力，在低位持续了 2 个月左右。与 2003 年相比，当前第三产业内部结构发生了变化，休闲旅游、商贸、住宿餐饮、会展、交通运输、家政等服务业比重显著增加，新冠肺炎疫情对这些行业的短期冲击是巨大的。随着疫情得到控制，这些行业将逐步恢复。但鉴于新冠肺炎疫情造成的心理冲击，以人流聚集为主要特征的诸如旅游、餐饮、会展等服务行业，能否快速恢复正常状态或者出现"报复性"增长则取决于官方对疫情防控形势的判断与公布。另外，加上春节因素导致的第三产业用能降低效应（春节假期结束后的 1—2 月，第三产业用能环比通常负增长），恢复期内第三产业用能需求将在低水平平台上缓慢增长。

二是制造业用能即使在"非典"疫情暴发高峰期，也没有明显下降。因此，此次新冠肺炎疫情中期对制造业用能的负面冲击时间不会延续太长。目前，各机构普遍预测，第二产业用能受冲击后的缓冲期将在第二季度。从当前形势来看，一是全国疫情新增确诊病例已经持续 14 天下降，全国积累病例应该在二月中下旬达到峰值[①]，二是考虑到复工复产企业逐步增多，且

---

① 钟南山 2020 年 2 月 17 日接受采访发言。

存在加班、抢生产的可能，我们认为第二产业用能受冲击后的缓冲期，有可能提前至 1 季度结束。不过值得关注的是，世卫组织宣布新型冠状病毒疫情为"国际关注的突发公共卫生事件"，对中国进出口的影响存在不确定性，有可能抑制第二产业用能回弹。

综上，我们可以判断，在疫情高峰期结束后的缓冲期内，总体能源消费将会出现回弹。第二产业用能环比增速会有所回升，按照当前全国 30% 复工复产率估计，第二产业用能在缓冲期内环比平均增速可能在 10% 左右。到第二季度，如果出口贸易不产生严重的负面影响，第二产业用能大概率将接近正常水平。第三产业在缓冲期用能需求将在低水平平台上缓慢增长，恢复期可能是官方宣布疫情结束后的 1 个月，长于第二产业过渡期。

3. 后期：消除期用能需求将逐步恢复常态

第三阶段是疫情消除期。各种针对疫情的防范措施已经解除，社会生产生活秩序和人们心态恢复正常。

有观点认为，新冠疫情与当年的 SARS 对用电量的影响不尽相同，2003 年正处在中国经济高速增长期，电力消费强劲增长，用电结构以第二产业为主。当前经济进入新常态，第二产业对经济贡献接近 60%，此次疫情对经济的冲击将大于 SARS 所带来的影响。因此，能源消费也将受到较大冲击。有机构测算，2020年中国全社会用电量增速存在跌破3%的可能。

自疫情暴发以来，党中央及各级政府在很短的时期内出台了一揽子防疫情、保经济的政策，并且取得了非常显著的成效。一是疫情形势出现积极变化，防控工作取得积极成效，吉林、海南、青海、宁夏、西藏、甘肃等多个省份实现0新增病例。根据权威疫情形势判断，二月中下旬，中国南方省份累计病例将达到峰值，全国来看二月下旬达到峰值（截至2020年2月17日发稿）。当前各地非常严格的检测措施、隔离措施使得全国很难再出现一个大高峰（互相传染、聚集性感染）[1]。二是疫情暴发以来，各级政府陆续出台支持企业特别是抗风险能力较弱的中小微企业的支持政策。从融资、税收、财政补贴等多渠道给予政策支持。三是基于当前对疫情形势的判断，被疫情"压制"的消费，一定会在2020年内得以释放，甚至有可能在短期内出现"报复式"消费。休闲旅游、交通运输、物流、餐饮住宿、会展、文娱等行业在缓冲期结束后将迅速恢复常态。

基于此，我们认为此次疫情对能源消费更多是短期的冲击性影响，2020年能源消费总体不会受到较大程度影响。

---

[1] 钟南山2020年2月17日接受采访发言。

（四）新冠肺炎疫情对能源供给的影响

新冠肺炎疫情突发，能源供给主要受到以下方面影响：疫情导致能源企业延迟复工复产，产能下降，能源供给会出现结构性短缺；受下游需求端影响，煤炭、油气等能源企业生产经营面临一定压力；延期开工对光伏、风电等行业中小民营企业造成较大冲击。此外，受中国油气需求下降的影响，国际石油市场价格将会承受一定压力。

1. 疫情对煤炭生产供应的影响

春节后煤炭供需进入年度低点，受疫情影响，供需两弱的局面将被延长，煤矿复产率相对较低以及拉运不畅，进口煤通关时间延长，供给受到较大影响。恐慌情绪带动下游开始增量补库。春节期间新冠肺炎疫情对动力煤生产、运输产生较大影响。从供给端来看，主产地复工复产率相对较低，港口库存下降，煤炭运输维持较低水平，受肺炎疫情影响主产地到岗人员受限，仅部分国有大型煤企开工以保障煤炭供应，产地煤炭供应偏紧。此外，港口方面，年前煤炭贸易商大多清仓，且目前煤炭运输受限，港口煤炭库存持续下降，国内重要港口（秦皇岛、曹妃甸、国投京唐港）

库存开始下降；港口动力煤紧缺，市场情绪有所蔓延。

(1) 疫情影响煤矿复工和生产

随着感染新型冠状病毒人数的增长，政府采取积极的措施应对病毒传染，包括企业延迟复工、交通管制等措施，煤炭企业作为典型劳动密集型企业，在遵守中央和地方政府统筹布局的"防疫"措施的同时，生产、运输受到明显影响。

大部分煤矿至今继续处于停产放假状态（截至2020年2月17日发稿），少数煤矿以销售库存和保站台发运为主，参与保供应的多为国有大型煤矿，并且部分地方煤矿春节前停产放假，并原计划将于春节假期后复工，但由于疫情防控需要，部分煤炭企业假期过后的复工复产将会受到影响，复工时间延期，尤其以山西、内蒙古、陕西、新疆等省份影响最大，这几个省份的煤炭供给量接近总量的75%。因此，晋陕蒙主产区在春节期间停产的煤矿，部分无法按照原计划时间复产，即便是在产煤矿，部分生产人员（含外委）到岗受限也影响产能释放。因此，短期内煤炭供给仍将受限，释放仍需时日。由于春节后疫情的加重，各省市加大了对运输车辆的盘查，甚至区域间道路封闭，而焦煤又以汽运为主。当前不管是生产还是运输均明显受到疫情影响，造成焦煤、焦炭被动减产，即上游焦煤资源无法完全满足下游生产需求。

表 3-4　　　　　　　各省（区市）疫情初期相关政策

地区	发布部门	文件名称及编号	规定
山西	山西省人民政府办公厅	《山西省人民政府办公厅关于延迟企业复工的通知》	原则上省内各类企业不早于2月9日24时前复工
山西	山西省能源局	《关于做好疫情期间能源供应保障工作的通知》（晋能源办明电〔2020〕2号）	在确保疫情防控和生产安全的前提下，科学组织生产，根据人员返矿情况、合理调整生产班次、严格控制入井人数、深挖生产潜力，保证煤炭供应
陕西	陕西省应对新型冠状病毒感染肺炎疫情工作领导小组办公室	《陕西省应对新型冠状病毒感染肺炎疫情工作领导小组办公室关于有关单位复工事宜的通知》	企业不早于2月9日24时复工
内蒙古自治区	内蒙古自治区人民政府办公厅	《内蒙古自治区人民政府办公厅关于延迟企业复工、学校开学和行政事业单位实行弹性工作制的通知》（内政办发电〔2020〕5号）	企业不早于2月9日24时复工
贵州	贵州省人民政府办公厅	《贵州省人民政府办公厅关于延迟省内企业复工复产的通知》	企业不早于2月9日24时复工
贵州	贵州省能源局	《省能源局关于煤矿企业做好疫情防控工作的通知》（黔能源办〔2020〕11号）	切实抓好企业内部防疫工作，制定疫情防控措施方案和应急预案，认真组织疫情防控和全员安全生产教育培训，做到疫情防控和安全管理"双到位"
山东	山东省人力资源和社会保障厅	《关于延迟省内企业复工的紧急通知》（鲁人社字〔2020〕10号）	企业不早于2月9日24时复工
山东	山东省能源局	《关于扎实做好应对新型冠状病毒感染的肺炎疫情能源供应保障工作的紧急通知》（鲁能源办字〔2020〕14号）	突出抓好煤矿复工复产安全管控，严格验收检查程序，做好隐患排查和风险防控工作
安徽	安徽省人民政府办公厅	《安徽省人民政府办公厅关于延迟企业复工和学校开学的通知》（皖政办明电〔2020〕2号）	企业不早于2月9日24时复工

续表

地区	发布部门	文件名称及编号	规定
河南	河南省人民政府新闻办公室	《河南省人民政府办公厅关于延迟企业复工的通知》	河南省内企业除防疫物资生产、居民生活用品供应、物流企业外,其他河南企业复工时间限推迟到2月9日

（2）疫情影响煤炭发运

受疫情影响,各地市政府高度重视本区疫情情况,限制人员、车辆流动。部分地区煤矿只允许上站台通过火车发运或只能内销,暂不允许通过汽运外销。煤炭公路运输受限也影响了铁路上站。此外,内蒙古多个煤炭物流园区临时封闭。内蒙古各区旗发布了交通管制通告。港口方面,1月28日零点开始,京唐港停止集疏港,何时开港等通知。曹妃甸通用码头通知,除保障疫情防控物资车辆外,禁止其他车辆进出港。

表3-5　　　　　　各煤炭企业疫情初期相关政策

企业	煤种	地区	复工复产情况
中国神华（上市名称）	动力煤	晋陕蒙宁	煤矿、铁路、港口春节假期均未停产、停运;部分生产人员(含外委)国交通、隔离问题无法返工,生产无法满负荷进行
中煤能源集团	动力煤为主	晋陕蒙	各煤矿均停产,大部分计划2月10号开始复工复产,具体要与当地政府要求执行
陕西煤业	动力煤	陕西	2月3日起黄陵矿区开始生产,估计所有产量能到正常水平的70%;现在有铁运的基本正常,地销停止,影响产量

续表

企业	煤种	地区	复工复产情况
兖州煤业	动力煤、炼焦煤	山东、内蒙、澳洲	山东本部均已复产，澳洲不受影响，内蒙三座矿停产
同煤集团	动力煤	山西	已复工生产的30座矿并要正常组织生产；未复工生产的34座矿井一律不得复产
山西焦煤集团	炼焦煤	山西	节假日大部分煤矿在产，维持75%的负荷，2月3日起逐步恢复正常
阳煤集团	动力煤	山西	目前处于停产状态，2月10日复工复产
盘江集团	炼焦煤	贵州	春节停产3天，现已复工复产
平煤股份	炼焦煤	河南	春节期间煤矿未停工
泰庄矿务局	动力煤、炼焦煤	山东	只有两个矿开工以保电煤供应，其他计划无开工

（3）港口库存水平持续下降

由于节前港口贸易商主动清库存以及电厂内贸煤补充增加，导致港口库存进入近五年的历史低位，春节前后发运基本停止，导致港口调入持续低位运行，可售资源基本告罄，原先预期的春节前后在需求下滑情况下可能出现的累库存情况落空，环渤海港口及江内港口库存持续处于下滑态势，库存下降处于低位。秦皇岛港口库存持续处于略高于400万吨的低位，鉴于港口煤种多样化的情况，400万吨可能是港口库存的实际低位。

2. 疫情对中国油气生产的影响

由于中国的石油和天然气进口依存度很高，在新型冠状病毒肺炎疫情影响下，能否稳定获得国际市场上的油气资源对国内的供应关乎中国油气安全命脉。海外油气供应安全与国际形势、地缘政治密切相关，安全的海外油气供应的关键在于油气资源的可获取性、油气运输的保障、合理的油气价格，分析新型冠状病毒肺炎疫情对海外油气资源获得性的影响主要就是分析对这三者的影响。

（1）油气进口会保持稳定

全球油气资源总体处于过剩局面，OPEC国家和非OPEC资源国的油气资源的对外供给都很充裕。从进口来源地分析，中国进口石油和天然气的主要地区，俄罗斯、沙特阿拉伯、尼日利亚、安哥拉、墨西哥、美国等国的生产并未受本次疫情的直接影响，这说明在当前时期中国经济社会发展所需的油气资源在全球市场上仍然是有保障的。油气资源出口国对中国出口油气的意愿是一个受政治、经济、外交、文化和历史因素综合影响的问题。在中国发生疫情并被世界卫生组织列为突发公共卫生事件后，从各出口国的角度来看，向中国出口油气资源不违反任何国际公约、条约，疫情本质上是卫生事件，中国政府全力抗击疫情使全球对中国控制疫情有信心，疫情不是政治事件，且很大一部分出口国是发展中国家，支持中国发展的国际理念，因而出口国在政治、外交上不会因中国发生疫情减少向中国出口油气的意愿;从经济方面看,除美国外的大部分出口国的油气行业均是该国的支柱产业,中国作为第二大经济体、第一大油气进口国,是各出口国油气出口的重要买方,在当前世界经济格局下,中国疫情状况和突发公共卫生事件不足以使各出口国减少向中国的油气出口而放弃本国出口和油气行业利益。综合以上分析,中国是石油和天然气的进口大国,从油气出口国的油气出口能力和出口意愿两方面看,中国在全球油气市场的油气资源可获得性受疫情的影响很小。

(2) 油气运输会受到一定影响

从运输能力来看,我国陆路进口油气通道:中亚天然气管道、中哈原油管道、中缅油气管道、中俄油气管道均平稳运行,且实际输运量低于设计输送能力,在当前油气购买合同量下可以保障运输能力受疫情影响小。通过海路输送的石油、液化天然气依靠远洋油轮和LNG船,绝大部分的石油进口依靠海路运输。海路油气运输的国际惯例是,进口国和出口国、市场租赁运输能力的比重为4:4:2。中国由于远洋油气运输能力与油气运输量不匹配,进口油气量中由中国运输的油气量占比较低,大部分进口油气通过国际船运租赁市场提供运力,中方的控制能力有限,在国际形势稳定期间,这一运输格局对中国进口油气安全影响不大,但在中国发生疫情并被世界卫生组织定为公共卫生突发事件后,这一点对中国进口油气造成安全隐患:一是承运进口油气的外国船只可能会在中国发生疫情和世卫组织评估后,在本国政府压力或者船员组织的压力下,从避免卫生责任或者非理性恐慌的角度,减少或者拒绝承运驶往中国的油气船只,造成中国进口油气的运输中断或不足;二是由于为突发公共卫生事件发生国,中方的运输船只在远洋运输、经过海峡、停靠港口等待补给检修时,可能会受到当地政府、组织的严苛对待,使船只、人员的远洋运输工作受到影响,进而影响中国油气进口安全。

(3) 中国需求对油价具有影响力

从国际油气市场价格来看,在疫情发生后,由于国际市场担心疫情发展会拖累中国和全球经济、降低石油和天然气需求,加上冬季已近尾声,国际市场油气市场供大于求的趋势进一步强化,价格的下跌对疫情发生进行了响应。

油价下跌和新冠肺炎疫情对中国海外油气投资、贸易、建设和作业可能产生不利影响。疫情的发生使来自中国的各类人员、设备受到影响,对前往计划目的地有不利影响,而有海外业务的中国国内相关领域的人员冻结流动、延迟复工,会影响相关工作的展开,如设备的采购、生产和运输,特别是投资建设业务,将对中国油气企业开展海外业务带来不便。已在建设中的项目和原计划实施的项目会受影响，造成一批项目的推迟，可能对远期的生产和供应带来压力，但如果疫情持续时间不长，则由此带来的负面影响将很有限。

3. 新冠肺炎疫情对电力生产的影响

（1）受工业负荷和商业负荷下降影响，预计全社会用电量同期同比增速将会明显下降。

从中国用电量行业占比情况来看，工业负荷依然占据全社会用电量的三分之二以上，工业负荷受复工率短期内难以全面恢复影响将会明显下降已是基本事实。与此同时，疫情因素使得用电量增速较快的服务业部门受到明显冲击，将大大影响商业用电，商业用电量将明显下降。居民生活用电和非居民生活用电（包括疫情防控必需的新增用电）会增加，但较低的用电量份额不足以支撑使全社会用电量同期大幅增长。基于上述判断，相比往年，2020年同期全社会用电量增速将会明显下降。以江苏省为例，作为全国制造业强省、第二大经济强省和电力消费大省，此次疫情对其用电负荷造成的影响或将直观成为疫情对全国用电负荷影响的一个缩影。对江苏省用电量和最高（最低）用电负荷按照农历时间进行同期比较，可以发现：

以初四（2020年1月28日）为分界点（1月26日国家宣布春节假期延长），疫情期间全省日用电量同比持续下滑，且降幅日益增加。江苏省规定的企业复工时间2月10日当天，全省用电量同比降幅高达48%，全省统调发电量同比下降49%，截止到2月13日，受复工复产带动，用电量出现回升，但当天全省用电量同比降幅仍高达40%。结合近年来经济增速与用电量增速的趋势性变化，虽然疫情拐点难以预测，但疫情对经济的冲击正在形成，全年经济增速将进一步放缓。在此情况下，全年全社会用电量增速将会出现回落，但增速回落的程度将由疫情因素和政策应对疫情对冲力度的综合效果来判断。针对疫情影响的严重程度，国际能源咨询公司HIS预计，在严重疫情情形下，2020年中国电力需求增长率将下降至3.1%，电力需求将减少73TWh；而在温和疫情情形下，电力需求增幅将降至3.8%，较2019年回落0.7个百分点。[①]

（2）疫情防控与复工复产交织，用电负荷结构性矛盾凸显，电力系统安全稳定运行风险加大。

近年来中国用电量增速在明显放缓，局部地区甚至出现了电力供应过剩的状况，在各地新增装机容量

---

① 《疫情预计使2020年中国天然气需求增速降至6%》，参见能源界网（http://www.nengyuanjie.net/article/34139.html），2020年2月11日。

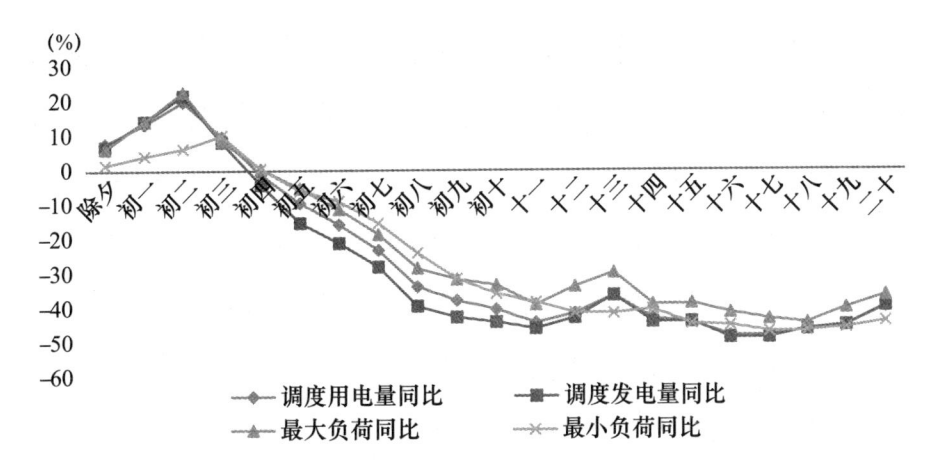

图 3-9 2020 年江苏省春节以来统调用电量、最高（低）负荷同比情况

资料来源：华能南京金陵电厂提供。

尤其是新能源装机容量和并网发电量不断上升的情况下，一些发电企业尤其是煤电企业设备小时数出现明显下降，引发电源间矛盾的同时带来的调峰矛盾也日益突出。此次疫情暴发短期内将会大幅压低用电负荷水平，使得用电量难以恢复性增长。对于电力系统而言，一方面，用电需求下降将会进一步增加电力生产企业的经营压力，基于各地市场交易推进，竞价压力将使得部分电源退出，这将减少调峰资源；另一方面，因疫情防控和陆续开展的复工复产（错峰复工），电力负荷的结构性矛盾将会显现，负荷增减范围将拉大并呈现出动态不稳定性，大大增加平衡调度压力和电力系统运行风险。从负荷特性来看，工业负荷具有稳定特性，负荷曲线较为平稳，工业负荷短期内难以恢复将会使得电网基本负荷需求下降，低谷调峰压力

将会异常突出。随着复工率提升，尤其是集中来临的复工潮，将会大幅提升用电负荷，使得电网基本负荷需求恢复性增长，在调峰电源（储能和备用电源）不足的情况下，很容易因电网过载而发生停电事故。例如，广东省复工复产首日（2月10日）的负荷大幅提升，全省电网最高负荷为4599万千瓦，比前一天增长5.9%，日均负荷比上周增长8.12%。[1] 从统调负荷看，重点制造城市广州、深圳、东莞、佛山10日电网最高负荷分别比前一周均值增长13%、7.6%、31.2%、11.8%。[2]

（3）疫情防控与电力供求变化的新特点将对电力市场和关联行业间的交易方权益产生影响，围绕交易合约的量价执行矛盾或将增加。

疫情给经济前景带来不确定性的同时，也使得电力供求形势出现了不确定性，电力市场主体交易场景的不确定性也大大增加。目前来看，疫情防控一定程度上既降低了能源资源的流通效率，又抑制了正常情况下的产出规模，供应紧张或供不应求的局面或将显现，如若疫情继续影响，显然将进一步加剧能源资源产品的供求矛盾，不排除一些企业基于不可抗力因素

---

[1] 参见广州日报网，https://baijiahao.baidu.com/s?id=1658326459461361898&wfr=spider&for=pc，2020年2月15日。

[2] 参见央广网，http://www.cnr.cn/gd/gdkx/20200211/t20200211_524970639.shtml，2020年2月15日。

违约。例如，1月24日（大年三十）以来，上海市天然气日均用气量2378万立方米，相比2019年春节增加6.2%。其中，受居民用气增加和电力负荷上涨影响，城市燃气公司和电厂用气分别增加6.9%和8.7%。此外，考虑到能源资源供应在当前应对疫情中发挥基础保障性作用，因疫情造成的成本上升而加重企业运营负担的情况也会出现，经济性供应保障难度加大。基于产业的关联性，上游能源供应紧张将给电力生产供应带来不利影响。以电煤为例，短期看，内贸煤（国内煤炭）供应主要受北方煤矿产区的复工情况影响。进口煤（菲律宾、澳洲、印度尼西亚、俄罗斯）主要受产地国家防疫管控政策的影响。例如，菲律宾要求发自中国的船只隔离14天后才能装货。限定时间无法正常交付，电煤供应未来或将会出现合同兑现问题。与此同时，在电力市场化交易进一步增加的情况下，当前用电量下降将会影响电力交易双方及电力行业上下游之间的权益关系。一方面，电力需求下降将会降低电厂能源产品需求，导致原料产品库存增加，部分低热值、挥发性较高的存煤有较大的自燃风险，厂内电煤库存管理风险加大。另一方面，用电量的下降不仅影响电厂效益，而且对于用电主体而言，错峰复工和一段时期内复工率提升难以保证，加之不排除当前一些企业因疫情出现停产倒闭现象，事前签署的合约量和议定价将会难以执行（当然也存在此前定价过高，短期现货市场交易价低而放弃执行长期合约的机会主义行为），将会引发电力供求主体间的合约矛盾。此外，考虑到中国负荷中心和电源中心的地理分割，如果负荷中心用电量继续下降，显然也不利于跨省跨区间供电协议的执行，容易引起省内和省外来电的差异化对待问题。

（4）为应对疫情冲击或疫情防控中显现出的电力供应短板问题，将会带动电力行业新增投资增长。

电力企业不仅为应对疫情提供坚强可靠的电力供应，而且电力企业同样是应对疫情冲击和平稳经济运行的重要力量之一，理应在做好"六稳"工作要求下加快复工复产和提前开工重点工程项目或加大新增项目投资力度。例如，国家电网公司对照党中央、国务院《关于抓好"三农"领域重点工作确保如期实现全面小康的意见》中提出的要加大农村公共基础设施建设力度的要求，提出要加快"三区三州"深度贫困地区、抵边村寨、阿里联网等电网项目建设和电网升级改造攻坚计划。此次疫情暴发再次表明加快推进中国包括医疗机构等服务设施建设在内的城乡公共服务均等化的重大现实意义。基于此次教训未来中国有望进一步加大对基本公共服务领域供电设施配套项目的建设力度，补齐民生保障领域的短板。

（五）新冠肺炎疫情对能源经济运行的影响

能源作为一个国家发展的重要支撑，是一国国民经济的上游产业，其价格波动不仅对经济发展有重要影响，而且与居民生活息息相关。新冠肺炎疫情对中国能源生产和消费产生了重要影响，从而使能源价格产生波动。能源价格波动会影响到钢铁、建材、水泥、机械等原材料的价格，进一步影响工业品出厂价格（PPI）和居民消费价格（CPI），影响下游产品的生产成本，造成通货膨胀或通货紧缩，给社会就业带来一定的压力，甚至造成金融危机。因此，需要对能源价格波动对国民经济产生的影响进行全面评估。

1. 疫情下能源价格的变动趋势
（1）全球原油需求减弱预期叠加中国疫情，石油价格延续下跌势头。

近年来，全球原油供求格局的变化成为油价走势的重要影响因素。从供给面来看，美国得益于页岩油气革命，成为全球重要的原油生产国，2017年美国石油生产量超过俄罗斯，占全球比重达到13%，当年天然气产量达到全球的20%。美国供应的增加带给油价下行压力的同时直接推动了以俄罗斯与沙特阿拉伯为首的 OPEC 达成减产联盟。从需求面来看，以中国和印度为代表的新兴经济体成为重要的需求方，其中中国 2018 年成为油气"双料"进口第一大国。随着全球经济增速放缓和前景不乐观，全球原油供应宽松的状况进一步显现，作为全球经济增长最大的贡献者，中国经济形势成为全球油价走势的重要晴雨表。

人们普遍预期，此次疫情暴发未来将不仅加大中国经济下行压力（IMF 主席格奥尔基耶娃在 G20 财长会议期间提及，2020 年全球经济增速预测再次下调 0.1 个百分点至 3.2%），而且将削弱中国原油需求。这大大引发了原油市场的担忧，在此影响下，国际布伦特原油价格一度从 2019 年 12 月底的 67.7 美元/桶，下降至 2020 年 1 月底的 51 美元/桶，降幅达到 25%。国际能源署日前表示，受中国疫情影响，全球第一季度石油需求将减少 43.5 万桶/日，成为 10 多年来首次季度下跌。考虑到疫情拐点到来的不确定性，4 月份交货的布伦特原油期货价格下跌 2.17 美元，收于每桶 54.45 美元，跌幅为 3.83%。受原油价格连续下跌影响，中国成品油价格 2 月以来两次下调，其中 2 月 4 日 24 时，国内汽、柴油价格每吨分别降低 420 元和 405 元，下调幅度创 2019 年下半年以来新高。

从国内情况来看，成品油价格在两次大幅下调影响下处于低位。根据 Wind 数据，截止到 2 月 20 日，汽油批发价格指数和柴油批发价格指数较2020年年初分别下降645元/吨和714元/吨。与此同时，液化天然气（LNG）出厂价格指数较年初每吨下降了近600元。能源价格的下降很大程度上跟疫情防控相关。受疫情影响，出行和开工被严格限制，加之入冬以来"宜煤则煤、宜气则气、宜电则电"的用能政策使得成品油和LNG同期需求下降，带动价格下行。

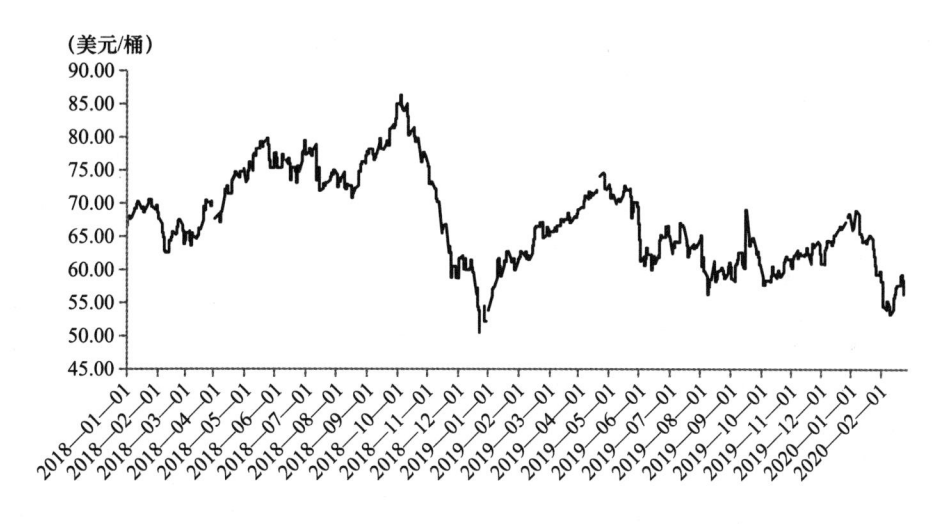

图3-10 2018年以来布伦特原油期货结算价格日走势图

2020年2月12日，OPEC公布了最新月报，大幅下调了2020年原油需求增长预期，并称中国新冠肺炎疫情是做出这一预期的"主要因素"。目前，疫情引发的对石油需求减缓的担忧还在不断发酵，预计2020年国际油价等全球大宗商品的价格将呈持续下跌趋势。

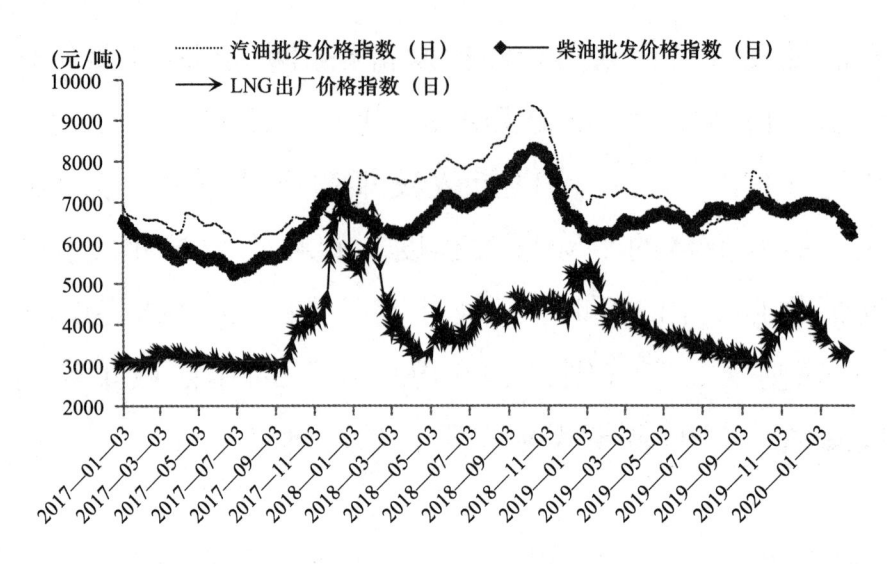

图 3-11 2017 年以来全国汽油柴油批发价格指数和 LNG 出厂价格指数日走势图

（2）疫情造成国际煤价进一步承压下行，国内煤价受复工影响开始抬升。

近年来，随着各国能源转型进程加快，尤其是相关发达国家陆续关停煤矿和减少煤电装机，煤炭消费需求持续下降。从 IPE 鹿特丹煤炭期货价格走势来看，2018 年第四季度以来，煤炭价格呈现出明显的持续下降态势，2019 年年底煤炭价格已跌至 53 美元/吨，降幅超过 50%。2020 年年初以来，煤炭价格继续下行，表现为中国春节期间每吨下降 2.5 美元。中国作为全球最大煤炭消费市场，疫情冲击带给全球煤炭价格下行压力，到达广州港的澳洲煤价格不断走低，在疫情因素影响下，由 2020 年年初的 610 元/吨，下降至 2 月中下旬的 595 元/吨，降幅为 2.5%。

从国内情况来看，在疫情影响下，煤炭市场呈现供需的时段性错配矛盾。往年的情况是，一方面，由于中国火电用煤都是提前一个月采购，库存充足将会减少煤炭需求；另一方面，受春节因素影响，煤炭生产企业停产将会减少供给。在供求呈现出两弱格局下，煤炭价格表现出明显的稳定性，从秦皇岛动力煤（Q5500）的历史表现可以看出，煤炭价格走势会在春节期间表现为平稳低价，而随着假期结束和复工复产，煤炭价格因需求上涨会出现抬升。此次疫情对煤炭市场的供求带来了明显的差异性，一方面，基于应对疫情的需要，下游火电企业为保障电力供应需求开始提前采购，使得需求拉升，而此时煤矿企业由于春节和疫情因素复工延迟，造成产能下降，加之疫情防控会阻碍物流效率，短时期会加剧市场供应紧张的状况，不可避免会拉升市场价格，秦皇岛动力煤（Q5500）价格在春节假期后的10天内表现出明显上涨势头，煤炭价格每吨上涨14元；另一方面，煤炭作为基础性保障，为应对疫情，2月1日，国家能源局发布《关于做好疫情防控期间煤炭供应保障有关工作的通知》，敦促企业"在疫情期间保障煤炭供给、保持价格稳定，严禁在合同约定外随意涨价，严禁限制煤炭外销"。在此影响下，随着煤炭企业陆续开工，供应保障能力增强，煤炭价格开始出现平稳势头。例如，相关数据显示，截至2月22日，全国在产煤矿产能31.7亿吨，产能复产率达到76.5%，当日产量833万吨。这三个数据均比2月1日增加了近一倍。未来随着各地陆续开工和需求回升，煤炭供应短期内仍处于偏紧状态，结合往年经验，煤炭价格或稳中有涨。

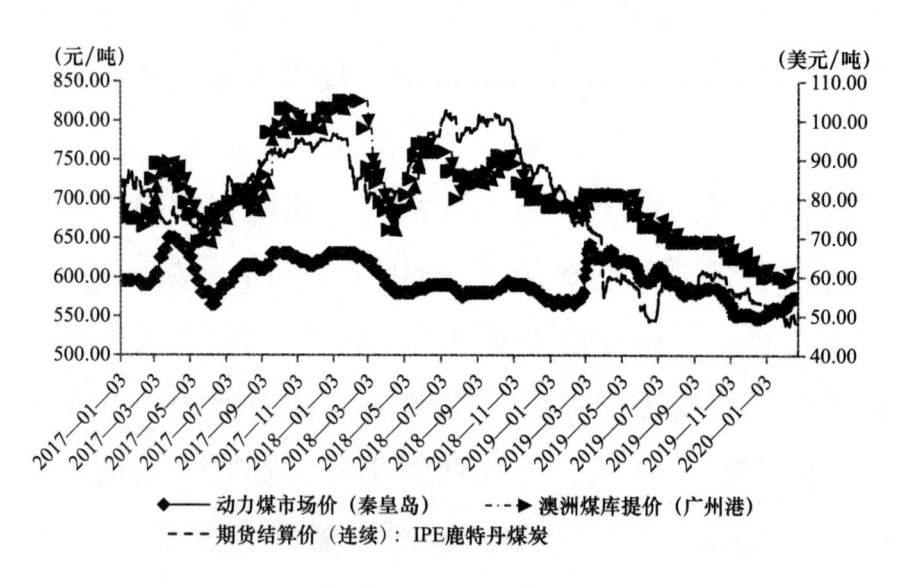

图 3-12 2017年以来国内外煤炭价格日走势图

（3）受疫情冲击，电力需求放缓，电力交易价格明显下降。

从电力需求的角度来看，此次疫情带给电力负荷的冲击就是工商业负荷下降和居民负荷上升，由于工商业用电量较高，造成电力需求明显下降。然而，考虑到电力作为春节城乡居民正常生活所需和应对此次疫情的基础性保障，电力生产在复工达产率较快恢复的情况下，供应保障充足。在此情况下，市场供过于求就会明显表现出来，交易价格也会明显下降。

根据江苏省电力交易中心数据，2020年1月以来，江苏省内交易总成交量33.8亿千瓦时。其中，2020年2月平台集中竞价直接交易成交9.065亿千瓦时，同比增长-79.89%；2020年2月发电侧发电权及合同电量转让交易成交14.25亿千瓦时，同比增长223%；1月月内市场化交易（含增量直接交易及用户侧合同电量转让交易）成交10.47亿千瓦时，同比增长-57.42%；1月月内发电侧发电权及合同电量转让交易成交0亿千瓦时。截至1月底，江苏电力直接交易总成交量2492.64亿千瓦时，同比增长1.25%。其中年度交易成交2420.88亿千瓦时，同比增长2.97%；月度交易成交63.32亿千瓦时，同比增长-29.0%；月内交易成交8.44亿千瓦时，同比增长-60.74%。由此来看，受需求下降影响，电力交易规模明显下滑。从供求双方的报价情况来看，2月发电企业最高报价为371元/兆瓦时，最低报价为269元/兆瓦时，其中最高报价较1月下调10元。售电方2月最高报价为329元/兆瓦时，最低报价为235元/兆瓦时，较1月分别下调62元和65元。以此来看，江苏省2月月内市场化交易最终交易价格会明显下降。整体来看，随着国家降低企业用电成本政策的实施推进，工商业企业用电价格将会明显降低。

2. 疫情下石油价格下跌的影响效应

（1）油价下跌对就业、汇率产生显著负向冲击

2020年1月30日，国际油价重挫2%，跌至3个月以来的最低水平，布伦特原油价格也受此影响下跌，跌幅达到2.5%。随着世界卫生组织宣布新型冠状病毒构成"国际关注的突发公共卫生事件"，油价持续下跌创新低，至2月10日每桶53.39美元。中国是世界上最大的原油进口国，近年来对石油需求不断递增，每年以5.5%左右的速度增长。美国联博集团分析称，受疫情影响，中国今年的石油需求可能仅以每天10万桶的速度增长，这将是20年来中国石油消费增长最慢

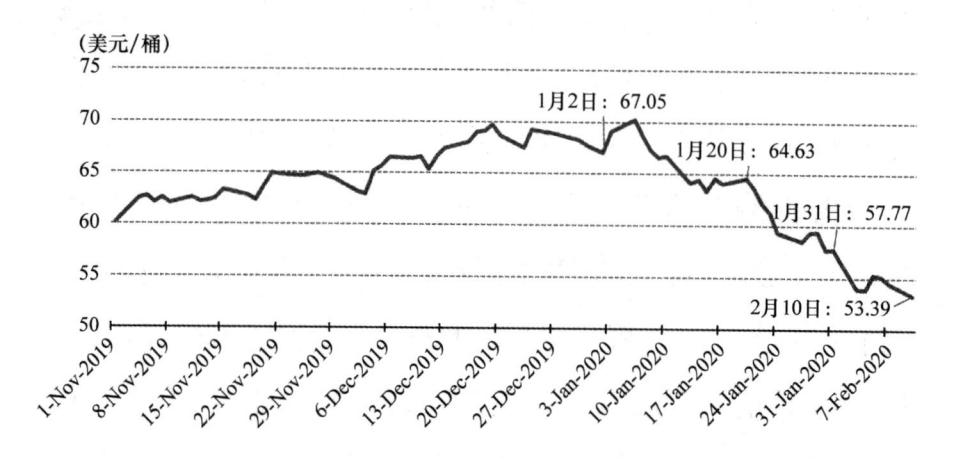

图 3-13 2019年11月以来国际布伦特原油价格变化

数据来源：EIA。

的一次。Capital Economics 分析师认为，若此次疫情的影响与 2003 年 SARS 相当，将使中国的石油需求每天减少约 40 万桶。

尽管油价上涨对经济增长具有显著的负面影响，但油价下跌并不会导致经济扩张。[1] 石油价格与经济之间的关系可能会随着时间而改变，而从供给冲击学角度看，人们认为石油价格对劳动力市场的供给产生了巨大而持续的影响。特别是 2014 年开始的油价下跌影响了美国的就业，激发了人们研究石油价格对区域经济影响的兴趣。石油价格可以通过多种方式影响各部门的就业。Michieka 的研究认为，油价的变化会影响一个经济体的就业，石油价格在影响就业方面发挥着重要作用。[2] 其中，Davis 和 Haltiwanger 使用 VAR 模型研究 1972—1988 年油价冲击对制造业就业的影响，明确指出就业率随着负向的油价冲击而下降。[3]

随着中国对外汇市场干预的减少和对外开放程度的加深，油价波动对汇率的影响也值得关注。Huang

---

[1] Hamilton J. D., "Oil and the Macroeconomy since World War II", *Journal of Political Economy*, 1983, 91 (2): 228 – 248.

[2] Michieka N. M., "Gearhart III R S. Oil Price Dynamics and Sectoral Employment in the US", *Economic Analysis and Policy*, 2019, 62: 140 – 149.

[3] Davis S. J., "Haltiwanger J. Sectoral Job Creation and Destruction Responses to Oil Price Changes", *Journal of Monetary Economics*, 2001, 48 (3): 465 – 512.

和 Guo 认为由于中国重要的贸易伙伴对进口石油的依赖程度更高,国际石油价格的上涨会使人民币小幅升值,反之石油价格的下降会造成人民币一定程度的贬值即汇率下降。[①] 王楠和张晓峒对人民币汇率和国际石油价格数据进行实证分析,也得出相似结论,研究证明了人民币汇率和国际石油价格之间存在单向因果关系,国际石油价格变动将引起人民币汇率的同方向变动,即国际石油价格下降,人民币贬值即汇率下降。[②] 如图 3-14 所示,疫情同样对人民币汇率产生了明显的负向影响。1月21—23日,人民币汇率中间价持续上升,人民币贬值明显。春节期间,尽管在岸市场休市,但离岸市场人民币对美元汇率已经走贬并破"7"。2月3日,在岸人民币对美元汇率破"7",创近半年最大单日跌幅。与股市不同,春节后的人民币汇率中间价波动较大,但仍呈现贬值趋势。

(2) 油价下跌对部门价格及产出的影响

分析方法与情景假设。本书基于2017年中国的投入产出数据,模拟石油价格相对于基期价格分别下降5%、10%的情境下,对各行业部门价格和产出的影响。本书所要建立的 CGE 模型共包含7个模块,主要

---

① Huang Y., Feng Guo, "The role of Oil Price Shocks on China's Real Exchange Rate", *China Economic Review*, 2007, 18 (4): 403-416.

② 王楠、张晓峒:《人民币汇率与国际石油价格协整分析》,《东北亚论坛》2009年第2期。

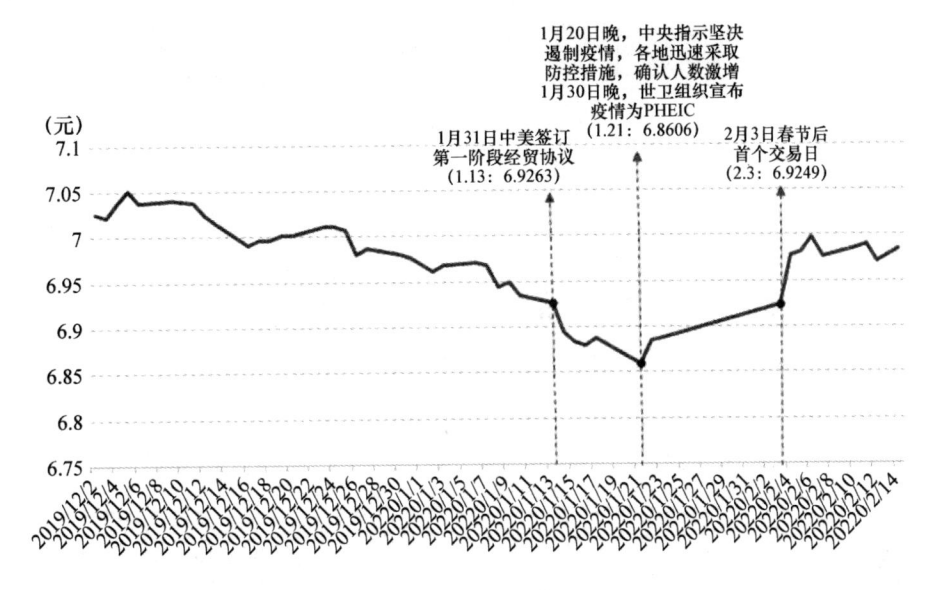

图 3-14 新冠肺炎疫情期间人民币对美元汇率中间价波动情况

数据来源：中国人民银行。

是生产模块、贸易模块、居民模块、企业模块、政府模块、社会福利模块和均衡模块，贸易模块采用CET函数形式，居民消费函数采用简单的线性函数。均衡模块中包括国际收支平衡、储蓄投资平衡、产品市场均衡、劳动力市场均衡和资本市场均衡。限于篇幅限制，这里仅介绍价格模块的设置，见图3-15。

首先在石油价格下降的假设下，对各产业部门的部门价格以及产业产出变化情况进行模拟，观察其变化情况。在国民经济中，各个产业部门是相互依存的，当石油价格作为外生变量变化后，就会对各个产业部门以及宏观经济产生一系列的影响。

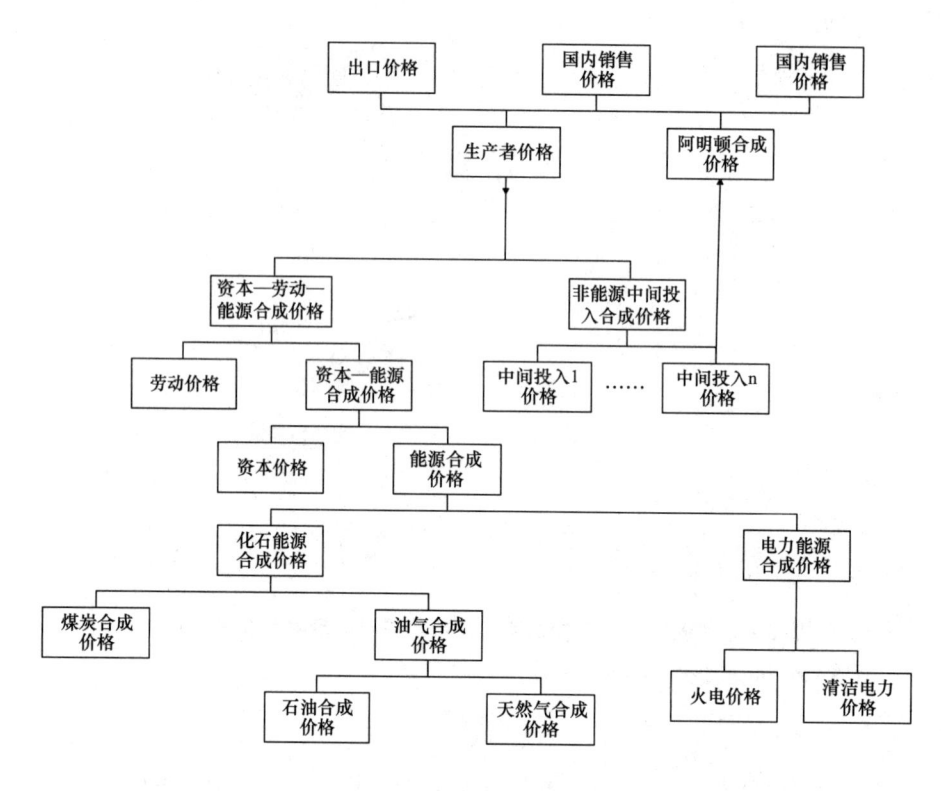

图 3-15　价格模块结构

表 3-6　　　　石油价格下降对各部门价格和产出的影响　　　　（%）

行业＼石油价格下降幅度	部门价格 -5%	部门价格 -10%	部门产出 -5%	部门产出 -10%
农林牧渔业	-0.1615	-0.3040	0.1196	0.2343
其他开采业	-0.5225	-1.0165	0.5036	0.9812
食品及烟草业	-0.2090	-0.4085	0.1706	0.3328
纺织制品业	-0.2375	-0.4655	0.1476	0.2823
木材与造纸业	-0.3135	-0.6080	0.2169	0.4247
化学工业	-0.6080	-1.1875	0.5190	1.0075
非金属矿物业	-0.4845	-0.9500	0.4386	0.8536
金属冶炼业	-0.3610	-0.7125	0.3047	0.5945
机械设备业	-0.3135	-0.6175	0.2851	0.5563

续表

行业 \ 石油价格下降幅度	部门价格 -5%	部门价格 -10%	部门产出 -5%	部门产出 -10%
通信、仪表业	-0.2565	-0.5035	0.3049	0.5867
建筑业	-0.4085	-0.7980	0.4697	0.9137
交通与邮政业	-0.9975	-1.9570	0.5611	1.0884
服务业	-0.1805	-0.3515	0.1591	0.3101
煤炭和洗选业	-0.2565	-0.5035	-0.4245	-0.8226
炼焦业	-0.2755	-0.5415	0.2410	0.4649
石油开采业	-0.3230	-0.6175	0.1803	0.3263
石油加工业	-4.7500	-9.5000	5.0043	9.4929
天然气开采业	-0.3230	-0.6175	-1.0863	-2.1409
燃气生产业	-0.3420	-0.6745	-0.2388	-0.4663
火电	-0.3990	-0.7790	-0.2547	-0.4940
可再生能源	-0.1805	-0.3515	-0.6885	-1.3402

从表3-6可以看出，由于石油用途广泛，在疫情的影响下，石油需求降低而价格下降时，对国民经济影响程度较大。石油影响下游产业部门主要有两种途径，第一种途径是石油—化学工业，石油价格的下降推动化学工业价格的下降，继而推动建筑业、造纸印刷业等部门价格的下降。此外，石油的下游还包括金属冶炼业和电力产业，因此，化学工业、其他开采业、非金属矿物制品业受到石油价格下降的冲击比较明显，在石油价格下降5%的情况下，化学工业、其他开采业、非金属矿物制品业价格下降的幅度分别为0.6080%、0.5225%、0.4845%。

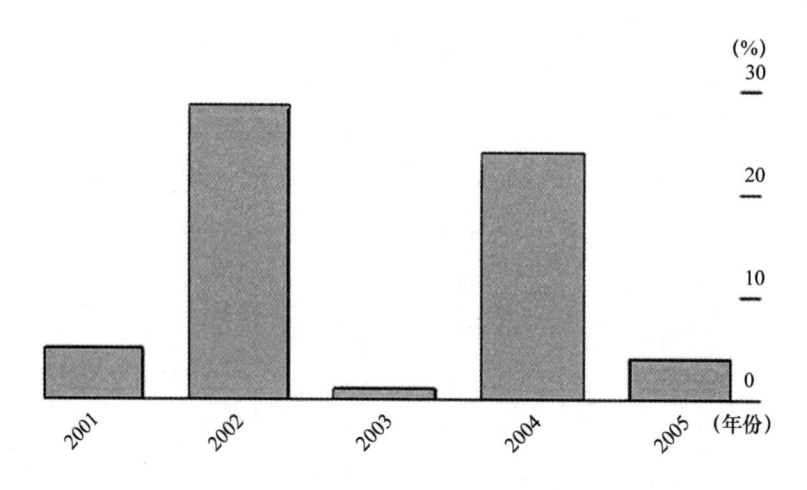

图 3-16　2001—2005 年中国航空需求

数据来源：IEA。

第二种途径是石油—交通运输业，石油作为交通运输业燃料的重要来源，其价格下降对交通运输业冲击最大，在所有产业部门里面，交通运输业价格下降最高，石油价格下降 5% 导致交通运输业价格下降 0.9975%，同时疫情的影响，使得各类交通需求大大降低，交通运输业进一步受到打击。例如，SARS 期间，航空业所受的打击非常明显，见图 3-16。由表 3-6 可以看出，石油是工业的主要原料，从价格影响部分看，当石油价格下降导致下游工业部门产出下降，比如化学工业和其他开采业，石油价格下降 5% 导致二者的产出分别下降 0.5190% 和 0.5036%。从行业需求方面来看，疫情暴发影响劳动力供应，各类工业部门不得已停产停工，产业部门经济产出属于停滞状态,重创中国经济。交通运输业作为石油的直接下游,石油的价格下降直接导致其成本增加,在石油价格下降5%和10%情况下,交通运输业的产出分别下降0.5611%和1.0884%。对于石油的替代能源,由于天然气比煤炭更容易对石油形成替代,因此,石油价格下降导致天然气开采业产出下降了1.0863%。

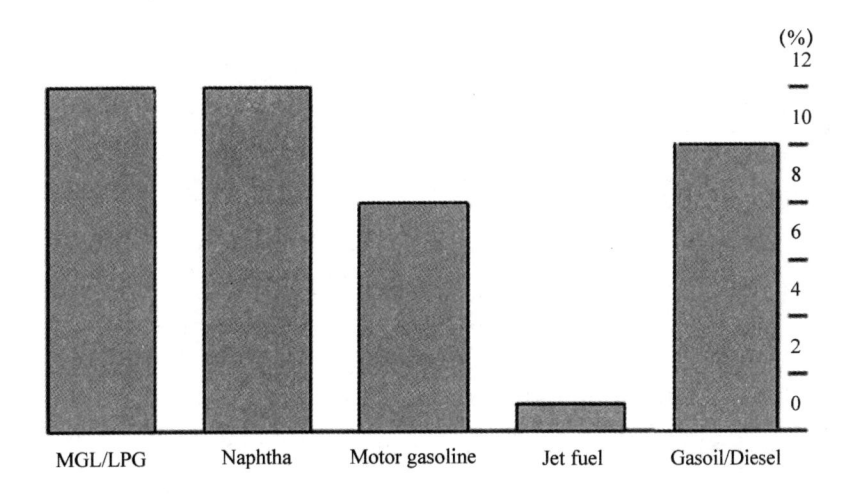

图3-17 SARS期间石油产品需求增长情况

数据来源:IEA。

3. 疫情下电力价格波动的影响效应

本书基于2017年中国的投入产出数据模拟火电价格相对于基期价格分别下降和上涨5%的情境下,对各行业部门价格和产出的影响。整体看,电力价格波动对各个产业部门影响比较"均匀",而且在所有能源价格波动中影响程度是最大的。

表3-7　　　　火电价格波动对各部门价格和产出的影响　　　　　（%）

行业 \ 火电价格波动幅度	部门价格 -5%	部门价格 5%	部门产出 5%	部门产出 -5%
农林牧渔业	-0.1500	0.1436	0.1049	-0.1014
其他开采业	-0.8000	0.7772	0.9138	-0.8810
食品及烟草业	-0.2200	0.2079	0.1643	-0.1587
纺织制品业	-0.2700	0.2624	0.1142	-0.1109
木材与造纸业	-0.4200	0.4010	0.3438	-0.3322
化学工业	-0.5400	0.5247	0.4472	-0.4308
非金属矿物业	-0.6200	0.5990	0.5076	-0.4897
金属冶炼业	-0.6600	0.6386	0.6016	-0.5798
机械设备业	-0.4500	0.4356	0.5595	-0.5397
通信、仪表业	-0.3300	0.3168	0.301	-0.3053
建筑业	-0.4000	0.3861	0.476	-0.4596
交通与邮政业	-0.2400	0.2277	0.2815	-0.2714
服务业	-0.1600	0.1584	0.186	-0.1791
煤炭和洗选业	-0.3600	0.3465	0.9883	-0.9465
石油开采和加工业	-0.4800	0.4653	-0.2736	0.2615
天然气开采和生产业	-0.4800	0.4653	-0.2725	0.2604
火电	-5.0000	4.9500	4.6469	-4.4081
清洁能源	-1.6600	1.6187	-1.6515	1.5882

（1）火电价格波动对高耗能部门产生的影响最大。在火电价格下降和上涨5%情景下，其他开采业、金属冶炼与制品业、非金属矿物制品业和化学工业的价格分别下降了0.8%、0.66%、0.62%、0.54%和上涨了0.78%、0.64%、0.60%、0.53%，因此，捋顺电力价格体制对于中国产业结构的调整具有重要的意义。

其他产业部门由于火电价格的波动也出现了不同程度的波动。由于互为替代，火电价格波动引起清洁能源价格波动幅度也比较大，火电价格波动引起清洁能源价格下降了1.66%，上涨了1.62%。

由表3-7可以看出，除能源产业部门外，各个产业部门的产出都随着火电价格的波动而出现不同程度的波动，在中国用电结构中，工业用电一直是火电的主要消费部门，高耗能产业部门的产出对火电价格波动表现很敏感，在火电价格波动5%的情况下，其他开采业、金属与冶炼制品业、机械设备制造业、非金属矿物制品业等部门的产出分别上涨了0.9138%、0.6016%、0.5595%、0.5076%和下降了0.8810%、0.5798%、0.5397%、0.4897%，其他部门的产出随着火电价格的波动也出现不同程度的波动。煤炭由于火电需求的迅速变化，其产出也出现了较大的波动，石油和天然气部门由于能源替代的作用，其产出也发生了变化。特别是清洁能源，火电价格波动使其产出变化较大，分别变化了1.6515%和1.5882%。

表3-8　　火电价格波动对各部门企业投资和居民消费的影响　　（%）

行业\火电价格波动幅度	火电价格市场机制			
	企业投资		居民消费	
	-5%	5%	-5%	5%
农林牧渔业	0.2457	-0.2377	0.1423	-0.1375

续表

| 行业 \ 火电价格波动幅度 | 火电价格市场机制 ||||
| | 企业投资 || 居民消费 ||
	-5%	5%	-5%	5%
其他开采业	0.7525	-0.7257	0.0000	0.0000
食品及烟草业	0.3010	-0.2912	0.1976	-0.1911
纺织制品业	0.3165	-0.3063	0.2132	-0.2061
木材与造纸业	0.5010	-0.4841	0.3978	-0.3844
化学工业	0.6181	-0.5958	0.5150	-0.4963
非金属矿物业	0.7059	-0.6803	0.6030	-0.5809
金属冶炼业	0.7406	-0.7138	0.6377	-0.6145
机械设备业	0.5323	-0.5140	0.4292	-0.4144
通信、仪表业	0.4075	-0.3938	0.3042	-0.2939
建筑业	0.4825	-0.4659	0.3793	-0.3662
交通与邮政业	0.3158	-0.3051	0.2124	-0.2050
服务业	0.2418	-0.2340	0.1384	-0.1337
煤炭和洗选业	0.4432	-0.4276	0.3400	-0.3278
石油开采和加工业	-0.5258	0.5077	0.0000	0.0000
天然气开采和生产业	-0.5257	0.5077	0.0000	0.0000
火电	4.8461	-4.5806	4.7474	-4.4892
清洁能源	-1.7139	1.6498	1.6120	-1.5525

（2）火电价格波动对各部门投资的影响不仅范围广且影响程度大。由表3-8可以看出，特别是对于高耗能产业部门，如其他开采业、化学工业、非金属矿物加工业、金属冶炼业、机械设备制造业，火电价格下降分别引起这些部门投资上涨了0.7525%、0.6181%、0.7059%、0.7406%、0.5323%，同时，火

电价格上涨分别引起这些部门投资下降了0.7257%、0.5958%、0.6803%、0.7138%、0.5140%。对于非高耗能产业部门，火电价格的波动也会使这些部门的投资出现不同程度的变化，影响程度大部分都在0.3%以上，只有对农业和服务业的影响程度在0.30%以下。而对于能源部门，由于替代作用，石油和天然气部门的投资出现不同程度的变化，变化幅度在0.50%以上。

由表3-8可以看出，火电价格波动对居民的消费会产生不同程度的影响。火电价格波动推动下游产业部门价格变化，特别是价格变化比较大的产业和一些生活必需品部门可能对居民的影响更大。而对一些关系居民日常生产生活的部门，比如农林牧渔业和服务业，在火电价格变化5%的情况下，居民消费上涨了0.1423%和0.1375%，变化幅度大于其他能源对居民消费的影响。因此，在新冠肺炎疫情背景下，政府应采取一些必要的补贴措施，以保证社会的稳定。

表3-9　　　火电价格波动对宏观经济变量和居民福利的影响　　　（%）

宏观经济变量、居民福利 \ 火电价格波动幅度	火电价格市场机制	
	-5%	5%
居民收入	0.0184	-0.0178
居民储蓄	0.0184	-0.0178
居民纳税	0.0184	-0.0178

续表

宏观经济变量、居民福利 \ 火电价格波动幅度	火电价格市场机制	
	-5%	5%
企业收入	0.0956	-0.0929
企业储蓄	0.0956	-0.0929
企业纳税	0.0956	-0.0929
政府收入	0.1127	-0.1090
总投资	0.0852	-0.0828
总储蓄	0.0852	-0.0828
总进口	0.2063	-0.1984
总出口	0.1835	-0.1765
实际GDP	0.3132	-0.3023
名义GDP	0.0113	-0.0112
利率	0.1000	-0.0941
汇率	-0.3900	0.3812
物价指数	-0.3000	0.2921
居民福利	399.0180	-383.2983

（3）火电价格波动会对企业生产和居民生活造成严重影响，与其他能源相比，火电价格波动对经济的冲击最大。从表3-9可以看出，火电价格下降5%导致居民、企业和政府收入分别上涨了0.0184%、0.0956%和0.1127%，火电价格上涨5%导致居民、企业和政府收入分别下降了0.0178%、0.0929%和0.1090%。总投资和总储蓄也发生了较大变化，火电价格下降5%和上涨5%，总投资和总储蓄分别上涨了0.0852%和下降了0.0828%，对贸易的影响也较大。

经济总量也会受到很大的冲击,在火电价格波动5%的情况下,实际GDP和名义GDP分别上涨了0.3132%、0.0113%和下降了0.3023%、0.0112%,同时资本收益也发生了变化,利率分别上涨0.10%和下降0.0941%,汇率分别下降0.39%和上升0.3812%,总的物价指数分别下降0.30%和上涨0.2921%,居民生活也受到了很大的影响,居民福利分别上涨399.0180亿元和下降383.2983亿元。

四 减少疫情损失的宏观政策与行业措施建议

（一）应对疫情下的宏观政策建议

根据以上分析，为有效应对疫情对经济运行带来的冲击和影响，实现 2020 年经济发展目标任务，从宏观政策方面建议要做好"稳就业、促消费、控物价、防风险"四个方面的重点工作。

1. 着力稳就业

首先，扶助受困企业，稳定就业岗位。对疫情影响严重的文化旅游、住宿餐饮、运输仓储等劳动密集型行业，要综合施策，尽最大努力减少就业岗位流失。一是对受疫情影响暂遇资金困难的企业予以金融支持。适度提高上述行业小微企业不良贷款容忍度，疫情期间不抽贷、不断贷、不压贷，并采取下浮贷款利率、缓收利息、延长还款期限、降低无还本续贷对象准入条件等措施加以支持。二是对受疫情影响的企业进行财政支持。对于虽受疫情影响但坚持不裁员或少裁员的企业，各地可以将上一年度实际缴纳的失业保险费的一定比例返还给企业。疫情期间，对受困企业可缓缴养老保险、失业保险和工伤保险费。

其次，援助失业人员，增强再就业能力。一是加大力度做好失业登记工作，及时足额发放失业保险金、技术技能提升补贴等扶助资金。二是灵活采取远程培训等方式，在减少大规模人员聚集的基础上，及时开展失业人员职业技能培训，提升其职业技能素质和就业、创业能力。三是疫情期间增加公共场所和社区保洁消毒等公益性岗位，为失业人员再就业创造更多机会。

2. 大力促消费

第一，缓解物流约束，促进城镇家庭线上居家消费。从各大电商平台发布的2020年春节消费数据看，受出行不便的影响，与户外、汽车有关的消费，以及礼品类消费需求下降，但母婴用品、家居用品、食品饮料等居家消费同比增幅超过100%。因此，要创造条件，让物流领域的从业人员有序返回到工作岗位，为城镇家庭线上居家消费持续增长营造良好条件。

第二，积极发展数字内容服务业，加快释放新兴消费增长潜力。以信息消费为代表的新兴消费是近年来中国消费领域的新增长点，但也存在线上内容资源不足且良莠不齐等问题。要以推广5G商用为契机，鼓励数字内容服务提供商融合大数据、云计算、人工智能、物联网等新兴信息技术，采用虚拟现实（VR）、增强现实（AR）、混合现实（MR）等技术手段，大力拓展线上数字资源，为加快释放新兴消费潜力创造良好环境。

3. 发力控物价

一是加强监管，稳定市场价格。疫情期间，部分物资可能会在特定时间出现紧缺，要对卫生防护产品、药品、生活必需品等商品进行重点监测，加大价格检查、巡查力度，依法严格查处哄抬物价现象，通过稳定市场价格来稳定居民的预期，确保不出现因价格持续飙升而导致大量居民囤积物资。

二是疏通关键环节，保障生活必需品的稳定供应。出于防控疫情考虑，部分地区的乡镇、村庄不恰当地采取了封路的措施，这实际上阻断了周边乡镇和村庄为城镇"菜篮子"供货的渠道，使更多城镇依靠大型蔬菜基地供货。如果缺乏城镇周边分散化的小型菜农支持，供货渠道过于集中，一旦遭遇极端天气等风险，就会使城镇的生活必需品供应变得紧张。因此，要压实地方政府的主体责任，系统梳理生活必需品的供应链条，做到全程风险可控，持续保障稳定供应。

4. 强力防风险

其一，运用金融科技进行精准识别，积极预防在金融机构支持疫情防控的过程中可能出现的道德风险问题。受疫情影响严重的行业和企业要渡过难关，离不开金融机构的支持。但也可能会有一些企业假借疫情之名"搭便车"逃废其债务。支持金融机构通过科技手段采集更准确、更全面的风险信息，精准识别出在疫情期间真正需要加以金融支持的企业，尽可能减少出现道德风险的情况。

其二，提前谋划，做实工作，坚决守住不发生区域性金融风险底线。根据有关数据测算，今年湖北省的地方债和城投债的利息保障倍数为5.4，低于全国6.3的平均水平。这意味在没有疫情的情况下，湖北省2020年的偿债压力整体上也是较大的。特别是，作为受疫情影响最严重的地区，2020年上半年湖北省的不良贷款风险可能会持续释放。受此影响，借款人恶意逃废债务的行为可能会出现扩散。在这些因素的作用下，湖北省的中小型金融机构可能会由于资产负债配置能力不强或期限错配等因素出现流动性风险。因此，要提前谋划，健全对受疫情影响严重地区的金融监管协调机制，切实建立防范化解此类地区金融风险工作方案，坚决守住不发生区域性金融风险底线。

（二）应对疫情下的中国煤炭安全的政策建议

考虑到病毒的前期潜伏期较长、传染性较强、未来变异的可能性、复工以后再次扩散和传播的可能性以及防控上可能的疏漏，疫情持续时间可能会超出预期，形势可能变得更严峻，对一季度甚至上半年的经济、就业产生一定程度的负面影响。

从需求侧看，由于疫情导致消费需求不振，生产特别是全社会用电量下滑导致对煤炭的需求降低，加上工业方面产出减少，与煤炭相关联的产业部门如建筑行业、化工行业、水泥行业、冶金行业等需求随之下降，进而造成库存快速增加、企业经营压力巨大的局面。特别是国际金融危机发生以来，世界经济发展陷入困境，疫情如果长期持续，世界卫生组织会把中国列为疫区，中国出口将会受到很大的限制，直接影响中国经济的发展速度。煤炭下游的电力、钢铁、化工、建材四大耗煤行业深受影响，增长趋缓。

从煤炭进口方面看，2011年，中国超过日本成为世界煤炭第一消费大国。受国际经济危机影响，国际煤炭供求格局发生较大变化，印度尼西亚、越南、美国、南非等国都扩大了对中国的煤炭出口。美国本身能源结构中页岩气占比越来越大，美国煤炭企业只有加大向亚洲尤其是中国出口才能使供需达到平衡。由于新冠疫情导致中国经济增长下滑，需求全面下降，进口煤也受到抑制，会造成国际煤炭价格的进一步下降。

从供给侧观察，在疫情期间，国有重点煤矿按照有关部门要求及时复工、尽力增产以超额保证电煤供应；与此同时，前期煤炭产能已经开始释放，国有大型煤炭企业依靠成本优势，通过扩量、降价的方式保证市场份额，形成"以过剩应对过剩"的局面，而中小型煤炭企业在生产经营方面具有相对灵活性，在市场萧条时，则缩小生产规模或停产。

综上，如果疫情长期持续，对煤炭市场的影响不可低估。从整个煤炭市场的运行情况来看，受中国宏观经济增速放缓的影响，国内主要耗煤产业需求疲软使得用煤量减少。其次，煤炭前期在建项目扩增导致产能大规模集中释放，煤炭库存量一直处于高位。再次，受国际煤炭市场产能过剩造成的国际煤炭价格下跌的影响，国内大规模地进口廉价煤炭，进而冲击中国煤炭市场。最终，这些因素从不同层面加剧国内煤炭市场供需不平衡的矛盾，从而使得国内煤炭价格持续下滑。从长期看，煤矿将朝着智能化、线上化发展，在风险中酝酿机遇。

1. 履行企业义务，重视疫情控制工作

中国大部分煤矿为国有企业，应将保煤质、保运量、保民生作为企业的神圣职责，严格落实疫情防控措施，全力做好煤炭洗选销售工作。及时履行合同约定的通知义务，考虑到疫情发展的持续性，煤炭企业应根据合同约定将疫情作为持续影响的事件，每隔一段时间向业主发出相关通知和报告，并在疫情结束后发送事件终止的通知和情况说明。复工前应重点对春节期间到过武汉或武汉籍的人员进行排查和登记，严密关注其健康状况，一旦发现传染病或疑似传染病病人，应及时报告，妥善处置，做到传染病病例的早发现、早报告、早隔离、早处置，切实保障人民群众的身体健康和生命安全。

2. 提高煤炭质量，降低经营成本

受国际、国内宏观经济影响，短期之内煤炭企业将面临巨大的经营压力，为了在困境中求生存，煤炭企业应当理性、客观地应对疫情，从加强自身生产经营入手，苦练内功，积极关注市场变化，内外齐修，沉着应对，在危机中求得发展。煤炭企业必须树立

"质量是企业的生命"的忧患意识，按照煤质达标标准，建立严格的煤质管理体系，并采用先进的生产工艺，对原煤进行加工，降低灰分、硫分，大力提高商品煤产品质量。同时，积极关注市场变化，以市场需求为导向，生产适销对路的煤炭产品，从源头上提高企业竞争力。牢固树立节约意识，积极采用先进的生产工艺，减少不必要的非生产开支，大力降低材料、电力等成本消耗。同时，号召普通员工树立忧患意识、与企业同舟共济的意识，通过一定幅度的降低薪酬，来减轻企业面临的经营压力。

3. 加强技术创新，提高智能化程度

煤炭企业的技术水平始终是制约企业经济效益提升的关键因素，提高当前煤炭行业的技术创新、设备更新尤为重要。受疫情的影响，煤炭需求量的下降使煤炭市场出现供大于求的局面，这对煤炭质量提出更高的要求。煤炭企业可以引进国外先进技术与设备，提升自身煤炭清洁开采技术和洗选新技术水平，加强煤炭洗选力度，从而提高煤质，生产出高发热量、低排放的低碳产品，从根本上减少企业在生产过程中对环境造成的污染与破坏，从而降低煤炭企业的资源成本；加强各个生产环节成本控制，减少生产过程中的各种浪费。通过管理创新，提高全员生产效率。应牢固树立创新、协调、绿

色、开放、共享的发展理念，以实现煤炭资源的安全、高效、绿色、智能开采为主线，以建设智慧煤矿为抓手，围绕物联网、大数据、人工智能等深度融合的关键环节，大力推进智能系统、智能装备的技术创新和应用，全面提升企业智能化水平。

4. 降低煤炭企业负担，科学设计产能

在疫情的影响下，煤炭企业产量大幅度下降，还要承担相当大的社会责任，因此，政府应对重点产煤省份的煤炭行业收费情况进行客观评价，取消部分收费基金项目，特别是地方性的煤炭价格调节基金，以及滥用行政权力向企业强制收取的经营服务性收费，切实减轻煤炭企业负担。同时，应对中国当前的煤炭行业出台相关的扶持政策，原煤限产、资源税整改、恢复进口煤炭关税等都有利于煤炭行业健康持续的发展。由于国家宏观经济下行，在疫情的关键时期，煤炭市场需求难以消耗过剩的产能，煤炭行业协会作为能够引导煤炭企业依法经营与有序竞争的行业组织，能够在其能力范围内有效地规范企业在生产销售、市场交易环节中的各项活动。为了保证行业的良好发展，在当前的经济形势下，煤炭行业协会应首先积极鼓励企业签订依法依规生产的承诺书，并定期将煤炭企业的产能情况以及去产能工作的成果在网络上进行信息

公示，让更多的企业参与其中。其次，通过行业监督、社会监督等手段，严格监督企业在生产、分配、消费过程中的各项环节，进一步建立相关的奖惩机制。对积极响应行业协会号召并落实好去产能工作的企业予以表彰与鼓励，而对于违规运营、产能超标的企业应发出警示与警告。

（三）应对疫情下的中国油气安全的政策建议

此次疫情是一次罕见的突发事件，对中国人民健康生活和短期经济发展带来严重影响，也极大考验着中国的石油和天然气的供应和安全保障能力，从目前的国际国内油气供需情况看，疫情下中国的油气供应充足且正常，为打赢疫情阻击战提供了坚实的保障，这是中国油气行业长期努力和当下坚持奋战的结果。在当前和今后一个时期，要着力在保障进口油气供给、稳定国内生产和供应、稳定海外实业发展和防控疫情等方面做好工作。

1. 稳定油气进口，从稳定进口来源和运输两个方面保障进口

中国的油气严重依赖进口，确保进口稳定是保障

中国油气供应的关键。要加强与油气生产出口国的联系和沟通，引导、支持油气企业在国家外交方针下，以市场购买、权益油气、援助或商业利益交换等多种形式、多种渠道以合理的价格获取稳定的境外油气供应，继续实施多元化进口策略，油气企业应提高利用金融市场做好风险防控的能力，加强进口合约的履行管理，确保进口油气来源有保障。要确保油气进口运输安全，油气企业要加强对进口陆路管道的管理，取得外交、海关等单位的支持，增强与国际远洋运输企业的联络，加强已有合同执行，可以风险溢价方式提高外国船只运输的意愿，合理调派国内运力，做好运输船只和人员的疫情防控，利用各种力量加强与航线沿线国家的沟通，减小疫情对运输的影响。

2. 稳定国内油气生产和供应

要鼓励和支持油气企业在疫情下开展生产和供应，对保障疫情供应的油气企业给予一定的财税补贴，支持油气行业关键岗位人员顺利到岗，支持油气生产和供应的相关产业复工生产，油气企业要采取有效措施，保障油田、炼厂、管道、销售的正常生产和运营，确保疫情期间的稳定油气供应。同时，要引导油气企业做好疫情结束后经济恢复时的油气需求应对，不能因短期消费需求降低而有减少生产的预期，要根据油气项目的重要性和缓急程度妥善推进项目。

3. 稳定海外油气实业发展

要引导油气企业加强与所在国和地区的沟通，遵守当地的规范和要求，以负责任的防控疫情的做法赢得当地的支持，在非常时期彰显中国企业的社会责任，妥善做好项目人员、物资的调配，坚持安全第一、兼顾效益的原则，统筹做好疫情期间的海外实业工作。

4. 做好油气行业的疫情防控

油气行业作为关系国民经济命脉的行业，涉及面广、产业链长、单位和从业者众多、在经济社会中影响大，做好油气行业的疫情防控本身就是保障油气安全的应有之义。油气企业要采取切实措施加强生产区、服务区、人员的疫情科学防控，打赢防控阻击战，成为全国抗击疫情的坚实力量。

（四）应对疫情下的中国电力安全的政策建议

1. 有序平稳推进各地复工复产进程，尽早恢复工商业用电负荷水平

电力企业不仅是疫情防控所必需供电的责任主体，

也是自负盈亏自担风险的经济主体，这就意味着疫情防控形势下的用电量增长情况关系到电力企业的经营效益。基于当前电力供求形势的新变化，占据全社会用电量三分之二以上比重的工业负荷和商业负荷能否尽早实现实质性恢复增长将直接关系到电力企业的财务状况。因此，当前的重中之重就是要切实贯彻习近平总书记的重要指示和中央政治局常委会会议精神，按照中央应对疫情工作领导小组部署和国务院联防联控机制要求，在切实做好各项防控工作的同时，有序推进企业复工复产。一方面，电力企业要增强疫情期间助推工商业企业复工复产的服务保障能力，确保安全可靠供电，同时，要根据用电量和低谷负荷变化的特点，提高机组出力的经济性，通过提质增效方式应对负荷的下降。另一方面，地方政府要根据各地疫情防控形势，结合企业复工复产人员返岗和新增就业需要，制定方案有序组织务工人员返岗和外来人口流入，切实推进复工复产进程。整体而言，疫情对中国经济冲击的大小取决于政策应对的力度和效力，在疫情防控成效逐渐显现的同时（至2020年2月17日发稿时湖北以外新增确诊病例人数连续下降），要为正常的生产交易活动创造条件，统筹推进经济社会发展各项任务，尽早实现全年经济平稳运行。

2. 统筹疫情防控与企业复工复产进程，实时监测电力供求形势新变化，确保电力系统安全可靠运行

相比往年春节期间及节后复工用电负荷特点，此次疫情暴发带来工商业用电负荷下降的同时，其引致的不确定性也因疫情防控形势和企业复工复产形式的多样性而进一步放大。简言之，疫情防控与企业复工复产进程交织将会带来电力供求不同时段的新变化，新变化发现不及时或将会引发新问题新风险。结合近期国家发改委、国家能源局为应对疫情保障能源供应进行的再动员、再部署和分类有序推动复工复产的新形势，当前及未来电力企业和相关职能部门要着力做好以下工作。

一是要实施监测并跟踪包括电力在内的能源实际需求，实时掌握新变化。具体而言，就是要进一步摸清在煤、电、油、气、热等方面的实际需求，摸清职责范围内可动用的资源家底，摸清当地疫情防控举措对能源生产、运输、消费等环节的影响，做到数据清楚、问题明了。

二是为在疫情期间提供坚强供电保障，满足复工复产用电动态变化要求，相关企业要做好能源生产应急保障预案，特别是增加疫情严重情形下的应急预案。要前瞻性地按照疫情持续时长的不同情形分别制定应对方案，同时考虑到疫情带给物流效率的不确定性，

要筹划建立必要物资的应急采购和日常储备制度。具体来看，在电力供应上，加强各地医院、疾控中心、防疫指挥部、疫苗研发、医疗用品生产企业的电力设施建设和保障，加强民生领域用电保障，加强电网安全稳定运行，加强应急值班值守。在电煤库存水平较低、电力供需紧平衡的地区，做好相应预案，必要时可对高耗能企业采取有序用电措施。

三是要切实尊重电力企业的市场经营主体地位，相关职能部门要为电力企业创造条件提高其安全可靠供电的积极性。具体表现在相关职能部门要认真评估电力企业统筹疫情防控和安全生产供应中的新困难和新问题，并采取有针对性的措施来纾解疫情对电力行业的不利影响。例如，可以考虑对于应对疫情的民生保障供电给予政策支持，同时避免并及时纠正各地名目繁多的支持企业复工复产和民生保障用电的优惠政策变相增加电力企业经营负担的做法等。

四是从长远来看，此次疫情带来的低谷调峰和深度调峰矛盾表明，积极支持储能电源和加快推进辅助服务市场建设愈发重要。随着中国能源转型的持续推进，可再生能源的不断增加，火电规模的不断减少，电网调峰矛盾日益突出。在此情况下，只有积极发展储能电源和加快推进辅助服务市场建设，才能够通过市场机制作用的发挥同时提升低谷消纳能力和高峰供应能力，有效增加特殊时期供电保障的应急能力、电力系统的调节能力和安全稳定性。整体而言，无论是应对疫情，还是分类有序推动企业复工复产，坚强电力供应是基础性保障，确保电力系统安全可靠运行责任重大。

3. 发挥市场配置电能资源的决定性作用，加快推进电力体制改革

近些年来，随着中国新发展理念的实施，经济高质量增长的推进，以及能源转型步伐的加快，中国电力供求格局已然发生了显著变化。一是表现为全国用电量增速放缓和局部地区特定时段供应偏紧的状况明显加剧，突出表现为极端天气下高峰负荷用电需求明显增加带来的峰谷差扩大。二是随着经济结构转型尤其是高耗能产业产能下降或转移，局部地区出现用电量下降趋势，在新能源装机及并网电量不断增加的情况下面临着电力消纳难度加大的局面。三是各地积极推进电力市场交易背景下，优先消纳清洁电力带来了火电设备利用小时数不断下降，进而带动火电企业遭遇经营困难。四是负荷中心和电力生产基地的相对地位在变化，随着区域战略的推进，中国中西部地区电力消纳增速在明显增加，西电东送的经济性面临挑战（取决于送出电价和本地交易电价的比较）。整体来看，电力供求格局变化及引发的矛盾大大增加了多元主体间的利益冲突并加大了协调难度，在此情况下迫切需要市场作用的发挥，尤其是价格机制和竞争机制的作用愈发重要。此次疫情或许通过对电力供求形势的影响而放大了近年来电力供求格局变化中的矛盾，使得加快推进电力体制机制改革，发挥市场配置资源的决定性作用将成为此次疫情的重要经验启示。根据经济规律，电力需求增长和电力消纳困难并存的结构性矛盾表明在更大时空范围内实现电力互济余缺将比重复建设更具经济性。与此同时，电力统一市场建设和区域协调发展战略的推进，也为进一步扩大电力交易范围，打破省内市场和省间市场分割创造了有利条件。随着统一市场建设和电力交易主体多元化，推进交易和调度分开，增加市场交易（非人合格化交易），减少管理交易（人为划定消纳市场），进而建立为市场公平交易服务的调度机构成为逻辑必然。

（五）应对疫情下的推动能源数字化的政策建议

科技（网络＋云＋AI＋5G）在本次抗击疫情过程中起到了积极作用。数字化技术支撑了对疫情的信息传递，互联网和数据智能技术助力科研检测、物资供应，极大提升了本次疫情防控的防控效率。同时，疫情期间的社会经济运行，如生活服务、在线医疗和办公学习等，也因为数字经济出现了新生态。积极推进能源行业的智能化、数字化发展，不仅对应对疫情起到积极作用，提升能源行业应急管理能力，也有助于推进能源行业的转型发展，助推新的经济增长点。

1. 数字化技术可促进化石能源开发利用。勘探作为能源生产的初始环节，通过信息感知技术可以对复杂地质环境进行成像仿真，能够显著提升勘探效率和降低勘探成本，科学预测可采储量，等等。在中间开采环节，借助大数据、云计算和设备感知技术，能够提高开采效率，降低开采成本，特别是随着人工智能技术在能源领域的应用，开采效率将进一步得到提升，井下机器人的应用将有助于实现油气自动钻井和煤炭无人开采，更大程度保证生产安全，提高资源开采率，还有助于能源企业精益管理，降低设备维修成本，保证生产连贯性。

2. 数字化技术助力清洁能源高效利用。能源利用作为能源行业重要的领域，数字化技术能够提高可再生能源的高效安全利用。在设备设计方面，风电发电设备可以利用大数据技术和智能算法对风力、气象等数据进行综合分析，提高能源效率，在太阳能利用方面，光伏设备厂商可以对日辐射、气象等数据进行建模计算，提高设备可靠性。在设备建设方面，借助传感器设备和无人机监测，能够对可再生能源的地理分布、资源布局和并网需求等方面进行精准预测，提高资源利用率，最大限度降低建设成本。在运行环节，利用大数据技术对设备运行、气象等信息进行实时监测，实现更精准的调控。

3. 数字化技术保障能源传输高效运行。能源传输是能源生产与能源利用之间的桥梁，数字化技术能够推动能源传输更加智能和高效。物联网技术的发展，能够优化能源传输管网，实现油气传输的互联互通和智能高效，保障传输安全，通过大数据和云计算，煤炭企业能够优化传输方式，实现点对点运输，最大限度降低运输成本。此外，通过无人机、机器人和可穿戴设备，对能源传输进行立体化监控、实时监控，提高能源传输管理水平，提高传输效率。

推动能源智能化发展，应着力在以下几个方面。

1. 把握数字化发展方向，做好顶层设计规划

数字经济作为我国经济发展的一种新形态，数据信息作为能源领域的重要组成，必将推动能源领域发生变革，未来能源数字化发展将呈现出"多样技术""个性应用""系统智能""网络交互"和"平台应用"等特征，因此，能源领域在深刻认识数字技术重

要作用的同时，应做好能源数字化顶层设计、能源数字化发展方向设计，围绕能源生产、高效利用和能源传输等方面设计顶层方案，提高能源领域数字技术应用的系统性和协调性，这是能源发展战略的重要组成部分。

2. 瞄准最新前沿，推动多领域融合发展

能源企业作为能源领域的主体，应当充分认识数字技术对企业经营管理的重要作用，结合自身发展短板，关注最新数字技术的发展，将数字化技术与企业经营的关键环节如资源勘探开发、能源生产、安全保障、物资供应、产品销售等进行深度融合，促进企业生产变革、管理变革和质量变革。

3. 助力跨领域合作，打造多企业共赢空间

数字经济是新的开放经济生态，政府应出台相应的数字经济相关政策、法规，鼓励能源企业与互联网企业、金融企业、研究机构等开展数字技术等方面的合作，加快能源企业数字技术应用，也为互联网企业和金融企业提供新的应用场景，共同营造数字化发展的良好环境。

4. 攻克关键难题，提高数字化创新能力

能源企业是能源数字技术应用的主体，相关能源

企业应当围绕数字技术在相关领域中的核心应用开展深入研究，针对企业生产和管理中出现的问题，应用数字技术加强算法研究，形成自主知识产权。加强科研攻关，努力形成以能源企业为主体、以市场为导向、产学研深度融合的数字经济创新体系，应用数字技术解决发展难题。

参考资料

1. John Richardson，*The Coronavirus：Petrochemicals' Perfect Storm*，The Oxford Institute for Energy Studies，2020.

2. Kirigia J. M.，Masiye F.，Kirigia D. G.，et al.，"Indirect Costs Associated with Deaths from the Ebola Virus Disease in West Africa"，*Infectious Diseases of Poverty*，2015，4（1）.

3. NDV. GL.，*New Directions, Complex Choices：The Outlook for the Oil and Gas Industry in 2020*，2020.

4. IEA，*The Oil and Gas Industry in Energy Transitions*，2020.

5. 世界银行：《2020年世界发展报告》，世界银行集团2020年版。

6. 张跃军、王伟：《疫情对我国能源行业影响几何，又该如何应对?》，《中国能源报》2020年2月

16日。

7. 孙祥栋等：《新冠肺炎疫情冲击下2020年我国电力消费增长空间研判》，《电力决策与舆情参考》2020年第5—6期。

8. 国网能源研究院专题研究小组：《新冠肺炎疫情对我国能源行业影响初探》，《电力决策与舆情参考》2020年第5—6期。

9. 罗国平等：《工业：闪击之后》，《财新周刊》2020年第5期。

10. 于鹏：《新冠病毒对世界经济和能源市场的影响》，《天然气情报周刊》2020年第141期。

11. 杨永明：《世界主要国家能源重要政策回顾》，《能源情报研究》2018年第3期。

12. 国际能源机构：《世界能源投资报告2019》，2019年6月。

13. 张效廉：《SARS风暴中的中国经济》，中国经济出版社2003年版。

史丹，中国社会科学院工业经济研究所所长、研究员、博士生导师。入选中共中央组织部、人力资源和社会保障部万人计划、国家高层次人才特殊支持计划领军人才，中共中央宣传部"文化名家暨四个一批"人才工程。国家能源委员会专家咨询委员会委员，国家气候变化专家委员会委员，中国工业经济学会理事长兼副会长，主要研究领域为产业与能源经济、绿色低碳发展等。主持国家社科基金重大课题及国家发改委等部委和省市委托课题百余项，在《经济研究》等刊物发表论文150多篇，出版专著30余部，获国家级、省部级学术奖励30余项。